福岡 浩

自由国民社

はじめに

筆者は、これまで介護事業の運営コンサルティング業務に従事するとともに、介護事業経営者・介護事業所管理者向けのセミナーや研修などの講師を数多く務めてきました。また、2006年度から、介護保険法に基づく「介護サービス情報の公表」制度の主任調査員として、介護事業所や介護施設などを随時訪問し、調査を行ってきました。

この調査とは、介護事業所や介護施設などが、自ら提供する介護サービスに関する情報を公表する前に、その根拠となる各種資料、記録類などを、都道府県による所定の研修を修了し登録された公的な調査員が確認するものです。

この調査業務で13年間に300以上の介護事業所、介護施設などの訪問調査に関わった経験から辿り着いた結論は、「公的な介護保険制度の下で提供される介護サービスは、介護事業者によってサービスの品質に大きな差があり、よく選んで利用すべきだ」ということです。そして、この結論から本書のテーマ、「介護事業所・施設の選び方」となったわけです。

2018年4月に、この結論を裏付ける介護保険制度の一部改正がありました。その1つとして、介護保険サービスの利用者が「サービスを選ぶ意識をもつように促す」改正です。介護保険制度の要であるケアマネジャーに、次のような義務づけを新たに行ったのです。

ケアマネジャーの利用者に対する説明責任として、契約時に利用者に伝えなければならない項目が3つ定められました。①②に違反すると、罰則もあります。

①利用する介護サービスについて、ケアマネジャーに「複数のサービス事業者の紹介を求めること」ができること
②「その事業所をケアプランに位置付けた理由」について、ケアマネジャーに説明を求めることができること
③利用者が入院する時に、担当ケアマネジャーの氏名、連絡先を入院先の医療機関に伝えてもらうこと

たとえば、デイサービス（正式には「通所介護」という）を利用したい場合に、利用者は複数カ所のデイサービスを紹介してもらい、見学できるようケアマネジャーに依頼ができます。これによって、今まで以上に介護サービスを選ぶという視点が明確になりました。元々、介護保険法では、利用者がサービスを選び、決める権利を保障しています。

要介護状態になっても、利用者が主体的に介護サービスを選ぶことで、要介護状態の重度化を防ぎ、自立した生活が継続できる可能性があります。それには、専門職であるケアマネジャーなどからの提供情報や意見が不可欠です。当然、ケアマネジャーを選びも重要になります。

２０１９年９月に本書の初版を出版し、大変ご好評をいただきました。その後２０２２年４月に改訂版、このたびは一連の介護保険制度改正や２０２４年度の介護報酬改定を受けて、第３版を発行する運びとなりました。

本書をさらに多くの皆様にお読みいただき、介護が必要になっても慌てずによく検討されて、最適な介護事業所・施設を選んでいただきたいと願っています。

２０２５年３月

福岡　浩

現れたら、地域包括支援センターに相談しよう

チェックリスト番号　1～5　**生活機能全般 をチェックします。**

生活が不活発になると、心身がより早く衰える危険があります。

自分でできることは、できるだけ自分で行いましょう！

チェックリスト番号　6～10　**運動器の機能 をチェックします。**

足腰が衰えると、生活全般が不活発になったり、転倒などから寝たきりを招く危険があります。

毎日の生活に運動を取り入れましょう！　**【点数結果が３点以上の方は要注意！】**

チェックリスト番号　11～12　**栄養状態 をチェックします。**

栄養が不足すると、筋力が衰えたり、抵抗力が弱まり病気になりやすくなります。

美味しく、楽しく、バランスよく食べましょう！　**【点数結果が２点の方は要注意！】**

チェックリスト番号　13～15　**口腔機能 をチェックします。**

食べたり、飲み込んだりしにくくなると、低栄養状態や肺炎などになる危険があります。

口腔ケアでお口の健康を保ちましょう！　**【点数結果が２点以上の方は要注意！】**

チェックリスト番号　16～17　**閉じこもりの傾向 をチェックします。**

家に閉じこもっていると心身の活動が不活発になるため、全身の衰弱や認知機能の低下、うつを招きやすくなります。

外に出る楽しみをみつけ、こまめに出かける習慣を身につけましょう！

【チェック項目16に該当した方は要注意！】

チェックリスト番号　18～20　**認知機能 をチェックします。**

認知症は早期に治療・予防することにより、認知症の進行を遅らせることができます。

「おかしいな？」と思ったら、早めに受診し、診断を受けることが大切です。

小さな変化を見逃さないようにしましょう！　**【点数結果が１点以上の方は要注意！】**

チェックリスト番号　1～20　**総合的な生活機能 をチェックします。**

生活が不活発になると、毎日の生活を健康に過ごす体力や気力など全体的な能力が衰え、日常生活に支障が出る可能性があります。

生活習慣を見直してみましょう！　**【点数結果が10点以上の方は要注意！】**

チェックリスト番号　21～25　**こころの健康状態 をチェックします。**

うつ病になると生活が不活発になって心身の衰弱を招きやすくなります。

長く続く心の落ち込みは、早めに専門医などに相談することが大切です。

「もしかして」と思ったら早めに相談しましょう！　**【点数結果が２点以上の方は要注意！】**

出所：新潟県佐渡市「基本チェックリスト」パンフレットより抜粋

基本チェックリストを利用して日常生活に変化が

回答の方法：あなたの現在の状態について、「はい」・「いいえ」の当てはまる方に○をしてください。
結果の確認：それぞれの項目で、赤い枠にあてはまった項目の数を結果欄に記入します。

チェックリスト番号		チェック項目	回答		結果
生活機能全般	1	バスや電車で１人で外出していますか （１人で自家用車を運転して外出している場合も「はい」となります）	0　はい	1　いいえ	/5
	2	日用品の買物をしていますか	0　はい	1　いいえ	
	3	預貯金の出し入れをしていますか	0　はい	1　いいえ	
	4	友人の家を訪ねていますか	0　はい	1　いいえ	
	5	家族や友人の相談にのっていますか （電話で相談に応じている場合も「はい」となります）	0　はい	1　いいえ	
運動器の機能	6	階段を手すりや壁をつたわらずに昇っていますか	0　はい	1　いいえ	/5
	7	椅子に座った状態から何もつかまらずに立ち上がっていますか	0　はい	1　いいえ	
	8	15分位続けて歩いていますか（屋内、屋外などの場所は問いません）	0　はい	1　いいえ	
	9	この１年間に転んだことがありますか	1　はい	0　いいえ	
	10	転倒に対する不安は大きいですか	1　はい	0　いいえ	
栄養状態	11	６ケ月間で２～３kg以上の体重減少がありましたか	1　はい	0　いいえ	/2
	12	BMIが18.5未満ですか（BMI＝体重(kg)÷身長(m)÷身長(m)） 【例】身長160cm、体重50kgの場合、50kg÷1.6m÷1.6m＝BMI 19.5	1　はい	0　いいえ	
口腔機能	13	半年前に比べて固いものが食べにくくなりましたか	1　はい	0　いいえ	/3
	14	お茶や汁物などでむせることがありますか	1　はい	0　いいえ	
	15	口の渇きが気になりますか	1　はい	0　いいえ	
閉じこもりの傾向	16	週に１回以上は外出していますか（過去１ケ月の状態の平均）	0　はい	1　いいえ	/2
	17	昨年と比べて外出の回数は減っていますか	1　はい	0　いいえ	
認知機能	18	周りの人から「いつも同じ事を聞く」などの物忘れがあると言われますか	1　はい	0　いいえ	/3
	19	自分で電話番号を調べて、電話をかけることをしていますか	0　はい	1　いいえ	
	20	今日が何月何日かわからない時がありますか （月と日がどちらかしかわからない場合には「はい」となります）	1　はい	0　いいえ	
チェックリスト番号 1～20 の合計					/20
こころの健康状態	21	（ここ２週間）毎日の生活に充実感がない	1　はい	0　いいえ	/5
	22	（ここ２週間）これまで楽しんでやれていたことが楽しめなくなった	1　はい	0　いいえ	
	23	（ここ２週間）以前は楽にできたことが今はおっくうに感じられる	1　はい	0　いいえ	
	24	（ここ２週間）自分が役に立つ人間だと思えない	1　はい	0　いいえ	
	25	（ここ２週間）わけもなく疲れたような感じがする	1　はい	0　いいえ	

目次

第2章 介護保険のしくみと利用のしかた

第3章 主な在宅サービスの特徴と使い方

主な施設サービスの特徴と使い方

第5章 介護事業所・施設探しでやること

第6章 介護事業所・施設の実地見学のポイント

第7章 契約する時の書類チェックと確認点

プロローグ

いつ、どんな介護サービス・施設が使えるか？

事例 1

80代の高齢夫婦世帯

家事のほか、86歳の要介護1の夫の世話も80歳の妻がやってきましたが、身体もつらくなりました。妻も要介護認定を申請したところ、要支援2となりました。

在宅で通所介護、訪問介護を検討

厚生労働省の介護保険関連の資料では、要支援1・2と要介護1・2を**軽度者**と言っています。この事例も軽度者の老夫婦です。在宅で受けられる介護サービスを利用して、要介護度が進行しないようにしなければなりません。できることは自分たちでやりながら、できないことを介護保険サービスで補うという考え方が必要です。

長年、妻が買物や家事をやってきたはずですが、それに加えて、今は要介護1の夫の世話もしています。それがだんだん難しくなり、その結果、妻も要支援2の認定を受けたとのことでした。

3類型の訪問介護と通所介護を利用

さて、買物は主婦としての中心的な家事です。近くにスーパーマーケットやコンビニなどがあっても、買物の量や種類によっては重量があり、持ち帰るのは困難でしょう。

そこで、**ホームヘルプサービス（訪問介護）**の**生活援助型**などの利用が想定できます。しかし、妻は要支援2ですから、買物をすべて**ホームヘルパー（訪問介護員）**にやってもらうわけにはいきません。妻の買物にヘルパーがいっしょに行き、買いたいものを選んで、ヘルパーがカゴを持って買物した商品を運ぶ役目とスーパーマーケットなどを往復する際の妻の見守りなどを行います。

また、別の日には訪問介護のヘルパーが週1回程度、部屋の掃除に来ます。介護保険制度のルールでは、日常生活の場の部屋のみの掃除しかできませんので、要介護1の夫の部屋の掃除になります。要介護高齢者にとって、椅子やテーブルなどの移動は難

デイサービス（通所介護）の一日の流れ

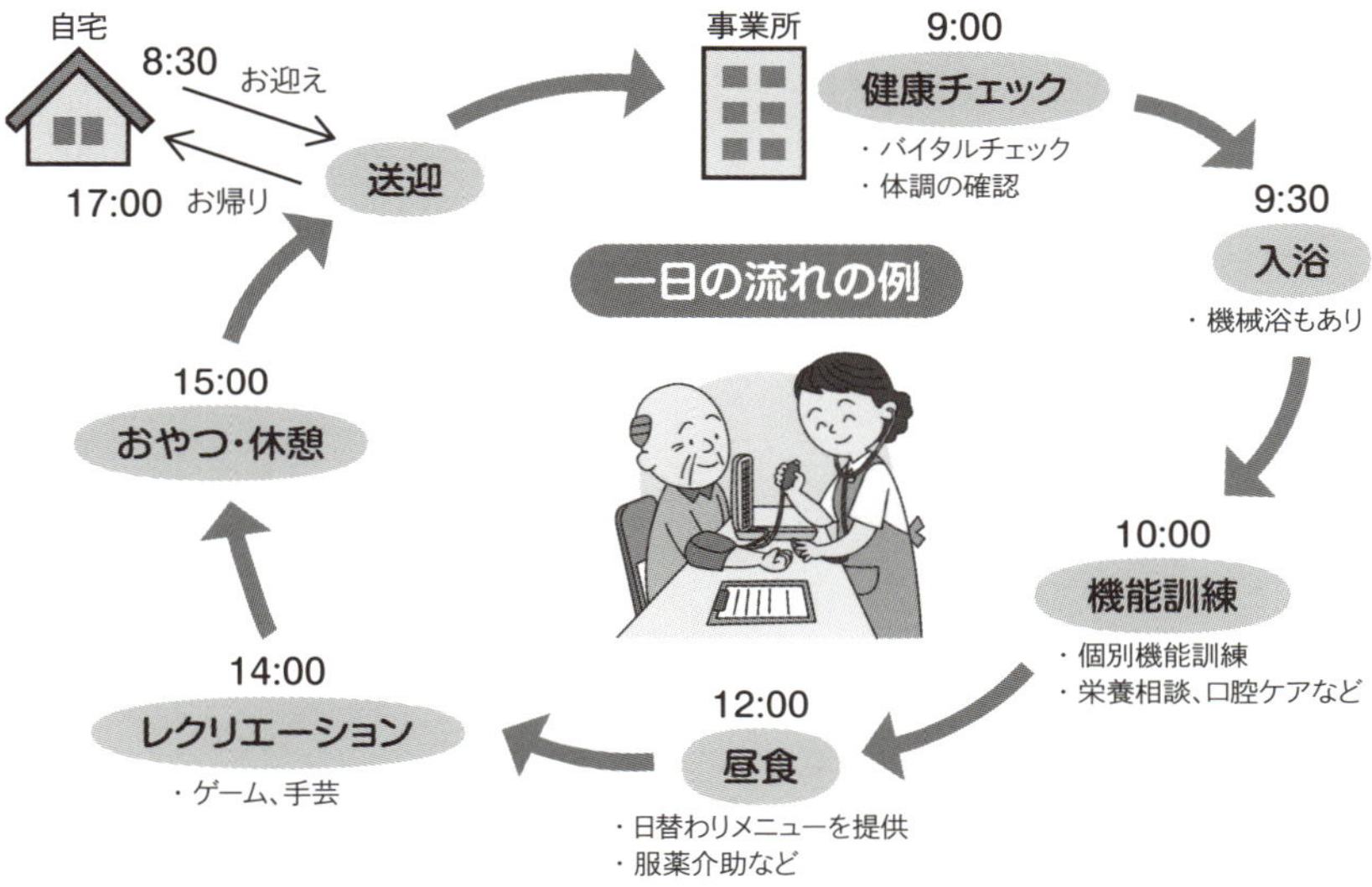

一日の流れの例

自宅
8:30 お迎え
17:00 お帰り
送迎

事業所
9:00 健康チェック
・バイタルチェック
・体調の確認

9:30 入浴
・機械浴もあり

10:00 機能訓練
・個別機能訓練
・栄養相談、口腔ケアなど

12:00 昼食
・日替わりメニューを提供
・服薬介助など

14:00 レクリエーション
・ゲーム、手芸

15:00 おやつ・休憩

しいですから、訪問介護の生活援助型を利用します。

また、夫は自力で入浴ができません。手すりやシャワーチェアがあれば、何とか入浴できます。ヘルパーが浴室までの移動の見守り介助を行い、シャワーチェアに座って身体を洗います。家では湯船に入りませんので、週2回の**デイサービス（通所介護）**を利用します。

デイサービスではお風呂に入れてもらいます。同時に妻もデイサービスに行き、手や足、腰などを動かす生活機能訓練を受けます。

その他、在宅支援のサービスも利用

前述した浴室周辺や室内に取り付ける手すりは、**住宅改修**（77ページ）として介護保険が利用できます。また、シャワーチェアは**特定福祉用具販売**（76ページ）というサービスを利用して購入が可能です（要介護1以上）。

なお、これらのサービスを利用するには、事前に担当のケアマネジャーに希望、要望を伝え、相談して決めることになります。

事例2

75歳の1人暮らしの男性

75歳の父が住む田舎の実家に帰ったら、家の中のわずか2センチの段差に躓いて転んだり、靴下や靴を履く度によろけていました。ちょっと心配です。

早めの介護予防策が事故を防ぐ

最近、高齢者がよく躓いて転びそうになったり、転んで膝をタンスにぶつけてあざになったとか、玄関で靴を履くときにバランスを崩して転びそうになったところなどを家族が見かけたら、転倒して骨折する危険があると考えましょう。

躓くのは、足の筋力が低下して歩くときに足が十分に上げられていないからです。また、身体のバランスも崩しやすくなっていると考えられます。

まずは要介護認定を申請して、要支援1または2と認定されると、**介護予防サービス**（53ページ）が利用できます。

ただし、従来の介護予防訪問介護・介護予防通所介護は介護保険から外れ、同種のサービスは市区町村が実施する**介護予防・日常生活支援総合事業**となります。この事業は、要介護認定で「非該当（自立）」と認定された人でも、市区町村が判定する「**事業対象者**」に該当すれば利用できます。

住宅改修で自宅をバリアフリー化する

家の中に手すりが全くないのであれば、介護保険の**住宅改修**（77ページ）を利用して、必要な箇所に**手すり**を取り付けたり、段差がある場所の**段差を解消する**リフォームができます（費用の上限は1家屋につき20万円まで）。

生活機能訓練などを受ける

足のふくらはぎや太ももなどの下肢の筋力を強化するために、前述の市区町村の介護予防・日常生活支援総合事業の中の「**通所型サービス**」で、生活機能訓練などを受けて筋力の維持向上を図ります。

デイサービス利用開始以降の生活機能の変化

現在の要介護度別 食事や入浴、トイレ等の自立の変化(単数回答) Q22

	合計	以前より自分でできるようになった	変わらない	以前より自分でできなくなった	わからない	無回答
全体	9,260 100.0%	2,720 29.4%	4,860 52.5%	787 8.5%	331 3.6%	562 6.1%
要支援1	609 100.0%	210 34.5%	352 57.8%	15 2.5%	11 1.8%	21 3.4%
要支援2	1,114 100.0%	416 37.3%	602 54.0%	51 4.6%	11 1.0%	34 3.1%
要介護1	2,557 100.0%	774 30.3%	1,501 58.7%	135 5.3%	44 1.7%	103 4.0%
要介護2	2,186 100.0%	635 29.0%	1,164 53.2%	197 9.0%	75 3.4%	115 5.3%
要介護3	1,319 100.0%	357 27.1%	615 46.6%	166 12.6%	75 5.7%	106 8.0%
要介護4	787 100.0%	194 24.7%	339 43.1%	132 16.8%	54 6.9%	68 8.6%
要介護5	467 100.0%	68 14.6%	176 37.7%	71 15.2%	56 12.0%	96 20.6%
申請中	10 100.0%	6 60.0%	2 20.0%	2 20.0%	0 0.0%	0 0.0%

出所:「通所介護等の今後のあり方に関する調査研究事業報告書」(三菱UFJリサーチ＆コンサルティング)

例えば、週2回程度の利用で、トレーニングマシンなどを使って全身の筋力を鍛えることにより、約3か月後には歩行が安定する例もあります。これは決して珍しいことではなく、利用者本人のモチベーション(やる気)と通所型サービスの個別機能訓練計画に沿ったプログラムの実施が重要です。

機能訓練等で生活機能は改善できる

デイサービス利用開始以降の生活機能の変化を示したデータがあります。

食事や入浴、トイレ等の自立の変化を見ると、全体で、「変わらない」が52・5%で最も高く、現状を維持できていると考えられます。次に「以前より自分でできるようになった」が29・4%で、約3割の利用者が生活機能の改善が見られたことになります。

表で見ると、要介護度別で注目したいのは、要支援1、要支援2、要介護1は、「全体」よりも高い割合を示しています。これは、**軽度のうちからデイサービスなどで生活機能訓練等を受けた方が効果を期待できる**ということでしょう。

事例 3

日中独居の75歳の母が心配

75歳の母が要介護2となりました。私達夫婦は同居中ですが、共働きで帰宅は夕方6時頃です。それまでは母は家で1人になります。

独居の日中に介護サービス利用を検討

75歳で要介護2の母は、日中子ども夫婦が仕事でいません。こうした日中独居の状況では、どんな介護サービスが必要でしょうか。本人の意向を十分に聞かなければなりませんが、子ども夫婦は、仕事でいない間もできるだけ母親が安全で必要な介護サービスを利用できることを望んでいます。

子ども夫婦は仕事中でも、家にいる母親の様子が気になります。そうしたニーズを受けて、最近では**センサーによる見守りシステム**が普及しています。元々、施設などで活用されていますが、一般家庭でも、スマートフォンやパソコンなどで対象者をいつでも見守れるシステムです。介護保険を利用していても、母親が1人で過ごす時間が必ずありますので、このシステムを活用すれば安心です。

デイサービス（通所介護）を利用する

なるべく1人でいる時間を少なくするには、デイサービス（通所介護）で1日過ごすのが、家族にとっては安心です。週に4日も5日も利用する要介護者もいますが、ほとんどの利用者は本人の希望ではなく、**家族の介護疲れの解消や日中は家に誰もいないという理由**で利用しています。本当は行きたくないけれど、仕方なく利用しているという要介護高齢者は意外に多いのです。

75歳の要介護2の母親には、デイサービスと訪問介護を中心に利用を検討します。週末は子ども夫婦も休みですから、月曜日から金曜日の5日間が日中独居の状態になります。デイサービスの利用は、おそらく**週2回程度**が妥当でしょう。子ども夫婦が出勤した後でも、デイサービスの介護職員が家の中ま

週間サービス計画のイメージ

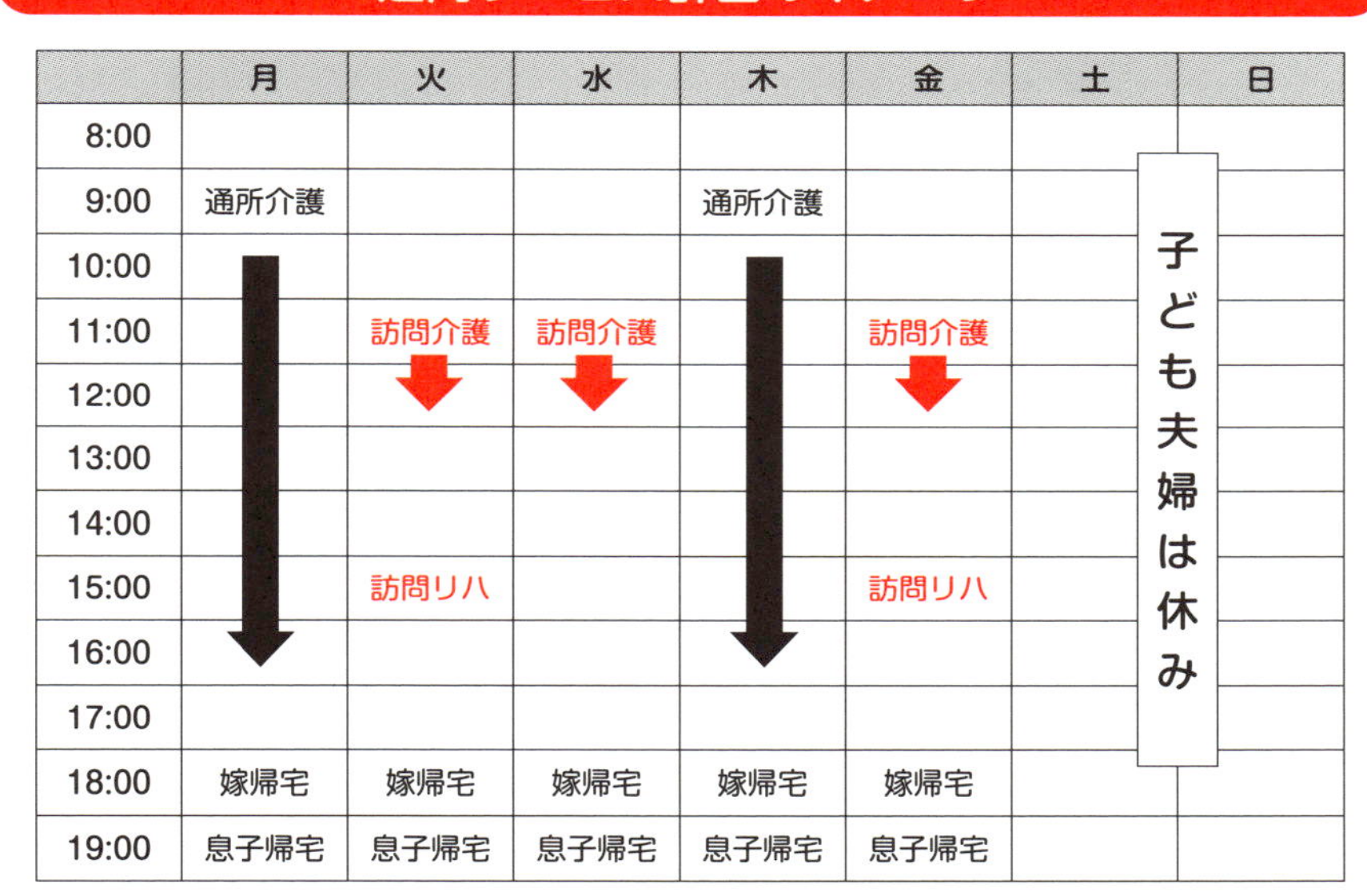

	月	火	水	木	金	土	日
8:00							
9:00	通所介護			通所介護		子ども夫婦は休み	
10:00							
11:00		訪問介護	訪問介護		訪問介護		
12:00							
13:00							
14:00							
15:00		訪問リハ			訪問リハ		
16:00							
17:00							
18:00	嫁帰宅	嫁帰宅	嫁帰宅	嫁帰宅	嫁帰宅		
19:00	息子帰宅	息子帰宅	息子帰宅	息子帰宅	息子帰宅		

で母親を迎えに来てくれます。ベッドから起き上がり、立ち上がる時の介助もします。

デイサービスでは、施設到着後に必ず、血圧、体温、脈拍などを測ります。異常がなければ、**入浴**します。デイサービスが企画したプログラムで1日過ごし、夕方には自宅に送り届けてくれます。

訪問介護（生活援助型）を利用する

週5日のうち、月曜と木曜にデイサービスを、残りの3日間は訪問介護などを利用します。昼食の支度ができない母親に、ホームヘルパーが火曜、水曜、金曜の11時から12時に来て、**昼食を用意**します。母親が食事する際に若干の介助が必要ならば、90分のサービスも利用可能です。

また、要介護2の状態を維持するためには、下半身（下肢）の筋力を強化して、少しでも立ち上がりの安定、手すりや歩行杖を使って自力で歩くことができるようにします。そこで、理学療法士や作業療法士などによる**訪問リハビリテーション**を週2回利用します。

事例 4

片半身麻痺の夫を1人で介護する妻

脳梗塞の後遺症で片麻痺のある夫を妻が1人で介護していましたが、妻自身も高齢で限界にきています。

特養ホーム入所を申し込むも入れない

脳梗塞で倒れ、入院、治療、リハビリテーションの末、中度の左片麻痺（要介護3）が残った夫（77歳）を、妻が1人で介護していました。しかし妻も75歳間近で体調を崩しやすく、もう限界で最寄りの**地域包括支援センター**に相談に行きました。

要介護3の夫は、入所条件も満たしているので、遠方にいる子ども達とも相談した結果、特別養護老人ホームの入所申込みをすることになりました。

しかし、入所は1年以上先になりそうなので、このまま在宅生活を続けるにあたり、ケアマネジャー（介護支援専門員）に依頼することにしました。

定期巡回型・随時対応型サービスで在宅維持

そこで、ケアマネジャーから、妻の介護負担を軽減するためには、24時間365日利用できる訪問介護と訪問看護を提案されました。これは**定期巡回・随時対応型訪問介護看護**（70ページ）というサービスです。

要介護3の夫のトイレ介助や入浴介助などのために、1日数回定期的に訪問するサービスのほか、利用者からのコールに随時対応で訪問するサービスもあります。医療的ケアや服薬管理が必要な場合には、訪問看護の看護師も訪問します。1日何回利用しても費用は定額制なので、使いやすいでしょう。

ただ、全国的に見ると、この定期巡回型サービスは事業者がまだまだ少ないのがネックです。

この他にも、月に数回の**訪問診療**も加えて万全の体制で、特養ホーム入所を待つことになりました。

特別養護老人ホームの入所申込者の状況（令和４年４月１日時点）

	要介護1	要介護2	要介護3	要介護4	要介護5	計
全体	0.8万人	1.5万人	10.5万人	9.2万人	5.6万人	27.5万人
	2.8%	5.3%	38.0%	33.5%	20.3%	100%
うち在宅の方	0.4万人	0.7万人	5.2万人	3.5万人	1.9万人	11.6万人
	1.4%	2.6%	18.7%	12.7%	6.9%	42.3%

※各都道府県において、要介護度が把握できていない一部の入所申込者について、要介護度別の割合を基に按分を行う等、各々の基準により計上している場合があり、留意が必要です。

出所：厚生労働省資料（令和４年12月23日）

定期巡回・随時対応サービスのイメージ

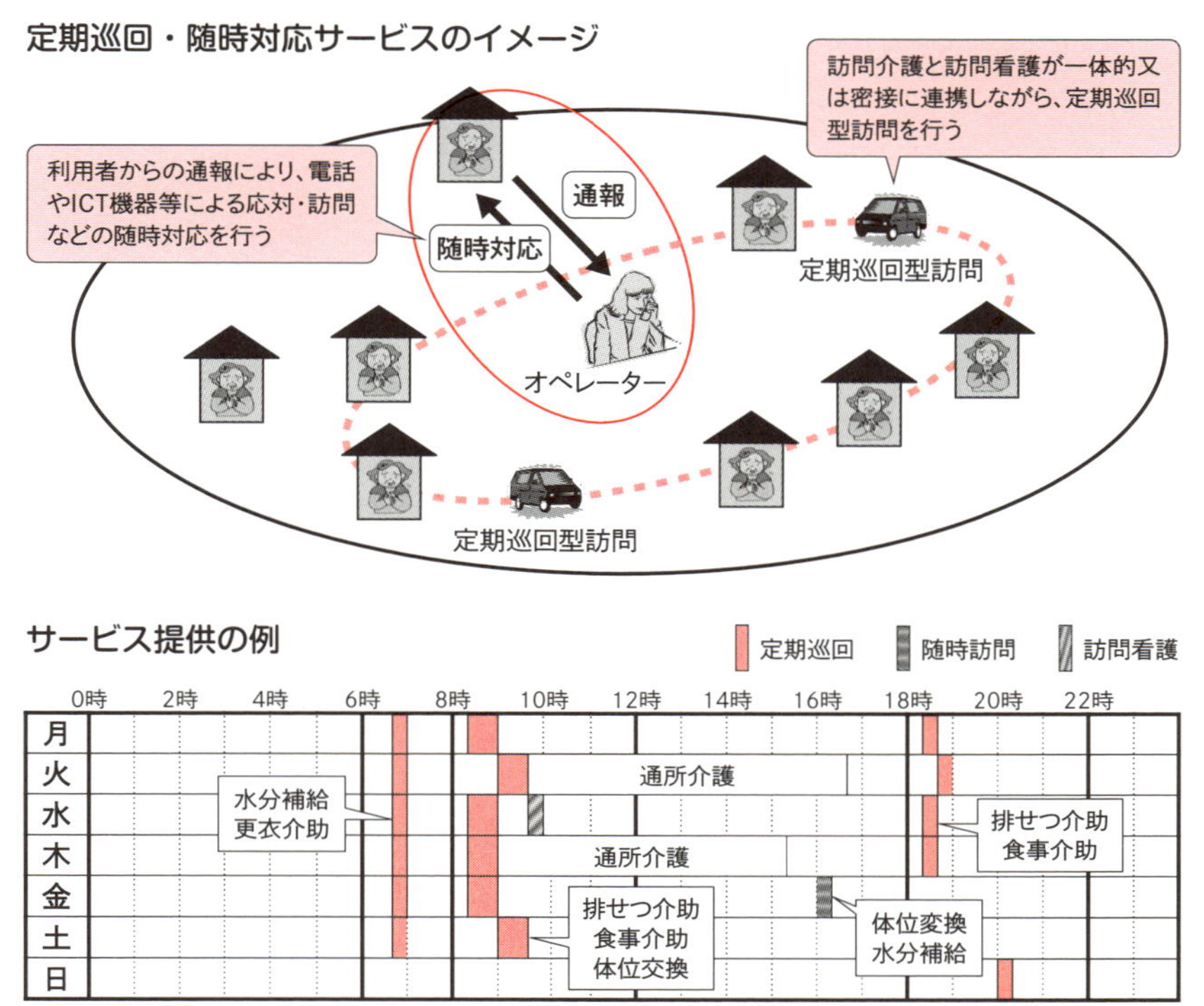

出所：厚生労働省資料

事例 5

認知症の夫を妻が1人で介護

認知症の83歳の夫（要介護4）を79歳の妻が1人で介護してきました。最近症状が悪化し、妻も体力が落ち、在宅では限界になりつつあります。

早期の診断と治療が予後を決める

認知症を発症すると最初に見られる症状は、記憶障害です。少し前に言ったことや言われたことを忘れてしまいます。単なる「物忘れ」と見過ごすこともありますが、早期診断、早期治療で、その後の家族の介護負担に大きな差が出ます。また、認知症の人への対応の仕方が悪いと、症状は増々進行します。

この夫は、初期症状が見られてから1年以上も経って、専門医の診断を受けました。医師が処方した認知症の進行を遅らせる薬で、症状の安定を目指しましたが、飲み忘れが頻繁になり、かえって症状が悪化し始めました（要介護4）。79歳の妻は1人で夫の世話をしてきましたが、性格が変わったように怒り出したり、トイレの場所がわからなくなって混乱する夫の世話が大きな負担になってきました。

認知症グループホーム入居を検討

認知症の人を受け入れる施設で、よく知られているのは**認知症グループホーム（認知症対応型共同生活介護）**です（68ページ）。

83歳と79歳の夫婦は、少なくとも50年以上連れ添ってきたはずです。認知症の夫にとってグループホームという生活の場に移ることで環境が大きく変わりますから、それが引き金となり、症状がさらに悪化する可能性もあります。

妻がいない環境、住み慣れた家とは違う環境になじめるかどうかが気になります。ある日突然、妻がいない生活になると、その不安な気持ちが症状を進めてしまうリスクがあります。

そこで、妻が時々顔を出せる近距離のグループホームで、小規模多機能型居宅介護や認知症デイ

認知症に対応した主な介護保険の在宅サービス

サービス	特　　徴	利用できる人
小規模多機能型居宅介護	登録定員29人以下。通い、訪問（介護）、泊まりを組み合わせて提供。通いを中心にした利用	要支援1～2、要介護1～5
看護小規模多機能型居宅介護	登録定員29人以下。医療ニーズの高い利用者に、通い、訪問（看護・介護）、泊まりを組み合わせて提供。24時間対応	要介護1～5
認知症対応型通所介護（認知症デイサービス）	認知症高齢者専用のデイサービスで、利用者定員12人以下。通常のデイサービスより介護職員の人員配置が厚く、きめ細かなサービスを提供	要支援1～2、要介護1～5
認知症対応型共同生活介護（認知症グループホーム）	1ユニットの定員5人以上9人以下で、3ユニットまで。グループホームの居住費（家賃）や食費は全額自己負担。短期利用を行っている所もある	要支援2、要介護1～5

サービス（認知症対応型通所介護）が併設されているところだと、なお都合がよいことがあります。

小規模多機能型居宅介護を検討する

小規模多機能型居宅介護には「通い」「泊まり」「訪問」の3機能があり、「通い」は通常のデイサービス、「泊まり」は宿泊の機能です。家族の都合や負担軽減などで、本人の心身の状態を考慮し、1日～数日の宿泊ができます。「訪問」は、利用者が1人暮らしなどの場合に、生活支援の目的で定期的に住まいを訪問する訪問介護の機能を果たしています。

認知症の夫に週1回か2回、**認知症デイサービス**を短時間でも利用してもらい、妻が少しでも介護から解放される時間を作ります。または「通い」を利用し、本人が不穏な状態にならなければ、施設で数日宿泊することもできます。

そうした慣らし運転的な試みを繰り返しつつ、本人の状態を見極めながら、数カ月から半年後にグループホームに入居するという段階的な進め方が望ましいと考えられます。

医療と介護サービスを利用し自宅で看取る

ガンで終末期の70歳の女性（要介護5）は、家族に見守られながら、限られた時間を住み慣れた自宅で過ごしたいと希望しました。

医療と介護の連携により自宅で看取り

ガンと診断され、一通りの治療が終わり、回復が見込めない終末期の利用者は、夫や長女、次女に見守られながら、限られた時間を住み慣れた自宅で過ごしたいと希望しました。

このような場合はケアマネジャーを中心とした介護サービスと医療の連携が重要で、さらに家族の理解と協力も必要です。特に病状の変化については、関わる全ての専門職の情報共有が不可欠です。

ケアプランを見ると、**訪問診療、訪問看護（医療保険）**が医療サービスで、**訪問入浴介護、訪問介護、福祉用具貸与（介護用品のレンタル）**が介護保険サービスとなります。5つのサービスと家族の連携によって、最後を迎えるまで、本人の希望に添った生活を送れるよう努めます。

利用者本人の意向を最大限尊重する

たとえ余命1か月であっても、ケアマネジャーは本人の意向を確認しながら、ケアプランを随時見直し、サービスの頻度や新しいサービスの必要性などを検討してケアマネジメントを行います。

ここで大切なのは、ガン末期か否かにかかわらず、要介護高齢者の意向は常に尊重されなければならないことです。また、家族の負担を軽減するためにも、介護保険サービスや医療サービス、その他の必要なサービスを最適な組み合わせで提供できるようにするのが、ケアプランです。

本人にとって最適なケアプランを作成できるケアマネジャーを選ぶことで、この事例のように、ガン末期の人が自宅で最期を迎えることが可能になります。（事例提供：青空ケアセンター）

第２表

居宅サービス計画書（2）

利用者名　○○○○　殿

作成年月日

生活全般の解決すべき課題(ニーズ)	目標				援助内容					
	長期目標	(期間)	短期目標	(期間)	サービス内容	※1	サービス種別	※2	頻度	期間
体調を保ち自宅の生活が送れる。	体調を保ち自宅の生活が送れる。	R3.10.18～ R4.09.30	体調が管理でき、状況に応じた対応が受けられる。	R3.10.18～ R4.03.31	診察 病状を考慮した生活上の指導と助言		訪問診療	××クリニック	2回/月 必要時	R3.10.18～ R4.03.31
					体調のチェック・生活上のアドバイス 留置カテーテルの管理 CVポートの管理 (緊急時訪問看護加算)		訪問看護（医療保険）	在宅療養支援ステーション□□	2回/週 必要時	R3.10.18～ R4.03.31
			皮膚のトラブルを予防できる。	R3.10.18～ R4.03.31	ストマの管理、皮膚状態の観察・指導		訪問看護（医療保険）	在宅療養支援ステーション□□	2回/週 必要時	R3.10.18～ R4.03.31
					ストマの管理、 皮膚の状態の観察	○	訪問入浴介護	訪問入浴サービス●●	1回/週	R3.10.18～ R4.03.31
								家族（長女・次女）	毎日	R3.10.18～ R4.03.31
			移動時、身体に負担がかからない。	R3.10.18～ R4.03.31	入退院時、通院時にリクライニング車いすで身体に負担がかからないように移動できる。	○	訪問介護	ホームヘルプサービス▲▲	必要時	R3.10.18～ R4.03.31
お風呂にゆっくり入る。	自宅で入浴できる。	R3.10.18～ R4.09.30	定期的に入浴ができる。	R3.10.18～ R4.03.31	体調のチェック 入浴介助 全身状態の観察 体調の変化に合わせて部分浴・清拭	○	訪問入浴介護	訪問入浴サービス●●	1～2回/週 (体調に合わせ実施)	R3.10.18～ R4.03.31
自宅で穏やかに過ごす。	安楽に過ごすことができる。	R3.10.18～ R4.09.30	起き上がり、立ち上がりが転倒なく行え、ベッド上でも安楽に過ごすことができる。	R3.10.18～ R4.03.31	特殊寝台と介助バーがあると、起き上がり、立ち上がりが安全に行え介護も負担なく行える。 サイドレールで転落や布団の落下を防ぐ (※介護者が睡眠中に限り、四方をサイドレールと介助バーで囲む) サイドテーブルの利用でベッド上で食事を摂ることができ、身の回りのことが行える。	○	福祉用具貸与	福祉用具レンタル■■	常時	R3.10.18～ R4.03.31
			褥瘡が予防できる。	R3.10.18～ R4.03.31	褥瘡の予防に通気性の良い床ずれ防止マットレスを使用する。 (状態に応じて、床ずれ防止用具の変更、体位変換器を利用する。)	○	福祉用具貸与	福祉用具レンタル■■	常時	R3.10.18～ R4.03.31
			外出を楽しむことができる。	R3.10.18～ R4.03.31	車椅子・スロープをレンタルすることで、安全な外出ができる。	○	福祉用具貸与	福祉用具レンタル■■	必要時	R3.10.18～ R4.03.31

※１「保険給付の対象となるかどうかの区分」について、保険給付対象内サービスについては○印を付す。
※２「当該サービス提供を行う事業所」について記入する。

事例7

介護保険外サービスを上手に利用する

1人で自宅生活を続けていた90歳の要介護2の女性が、徐々に自力歩行が難しくなってきました。

介護保険サービスだけでは生活できない

1人で自宅生活を続けていた90歳（要介護2）の女性が徐々に自力歩行が難しくなりました。入浴時の見守りや歩行介助が必要になり、定期的に訪問介護を利用し、同時に福祉用具貸与を利用して歩行器を借りることにしました。また、定期的に健康チェックや服薬確認のために訪問看護を利用し、看護師さんにも来てもらえることになりました。

ここまでは訪問介護、訪問看護、福祉用具貸与の介護保険サービスです。他にも、医療サービスでリウマチ治療のために訪問診療を利用しています。

ところが、これらだけでは日常生活が成り立ちません。要介護者は歩行困難になると、わずかな距離も歩けません。ゴミ出しや食材の買い物などが困難になり、十分な食事が摂れなくなってきました。

普通なら、ここで施設入所を検討することになりますが、本人の強い希望で在宅生活継続のための介護保険外サービスを利用することになりました。

介護保険外サービスを組み合わせる

例えば横浜市では、ゴミ出しは「**ふれあい収集**」（各地に同様のサービスがある）という介護保険外サービスがあり、これを利用します。事前に申し込めば、ごみ収集日に自宅敷地内や玄関先までゴミを回収に来てくれます。そこで、介護保険の訪問介護を利用してヘルパーさんにゴミの分別を手伝ってもらい、ごみ回収日の前日また当日に玄関先などに置いておきます。これで負担が軽減されます。

また、各市町村では、**配食サービス（有料）**の紹介や案内を積極的に行っています。要介護高齢者の栄養バランスやカロリー制限に対応するサービスもあり、**地域の介護保険外の社会資源**は重要です。

こうした介護保険外サービスの情報をよく知っているケアマネジャーが利用者の状況を的確に把握して作成した**ケアプラン**（次頁）を見てみましょう。

3つの赤い部分をご覧ください。1つは「**ふれあい収集**」です。毎週木曜日に分別したゴミを玄関先に置いておけば、回収してもらえます。もう1つは「**配食サービス**」です。週1回だけ自ら注文し、毎日配食サービスを利用できるようになっています。届けられた食材で調理し、食事しています。

3つ目は、独居で身寄りもない要介護高齢者にとって心強いサービスです。事前に契約しておき、取り決めた**生活支援**や、万一病状が急変して入院することになれば、入退院の手続きや付き添い、**身元保証や各種支払い代行などを一手に引き受けてくれるサービス**です。

介護保険サービスだけでは足りない場合は、介護保険外サービスを効果的に組み入れることにより、1人でも安心して生活できるようになります。（事例提供：青空ケアセンター）

配食サービスの例

新宿区高齢者配食サービスのご案内

65歳以上で一人暮らし等の高齢者に、昼食（弁当）をお届けします。

■対象者
65歳以上で、次のいずれかに該当する方
①　一人暮らしの方、または65歳以上のみの世帯の方
②　家族と同居しているが、日中①の状態となる方

■内容
食事の支度が困難な方に、安否確認を兼ねて、昼食（弁当）をお届けします。
※　おかずのきざみ・おかゆも対応できます。
【利用曜日】　月曜日～金曜日の希望する曜日（12/29～1/3除く）
【配送時間】　午前10時から12時30分

■費用　1食　500円
※　チケット制になります。事業者の初回訪問時に、10枚綴り（5,000円）のチケットを購入してください（1食＝1枚）。配食を中止・変更する場合は、前日（利用日が月曜日の場合は前週の土曜日）の正午までに、事業者に直接連絡してください。（これ以降の連絡の場合、1食分の料金がかかります。）

■必要な手続き
以下の窓口で、申請書にご記入いただくなど、必要な手続きをしてください。
・新宿区 福祉部 高齢者支援課 高齢者相談第一係・第二係
・お近くの高齢者総合相談センター、お近くの特別出張所

出所：新宿区HP

第2表

居宅サービス計画書（2）

利用者名　○○○○　殿　　　　作成年月日

生活全般の解決すべき課題（ニーズ）	目標				援助内容					
	長期目標	（期間）	短期目標	（期間）	サービス内容	※1	サービス種別	※2	頻度	期間
足が悪いため通院が困難であるが、継続した診察を受けたい。	継続した診療を受けることができ、健康状態の把握ができる。	R3.01.18～R3.12.31	健康状態の観察やリウマチの治療ができる。	R3.07.01～R3.12.31	診察 薬の処方		訪問診療	●●クリニック	2回/月	R3.07.01～R3.12.31
					健康チェック、服薬チェック 栄養指導 皮下注射（リウマチ） 保清	○	訪問看護	▲▲訪問看護ステーション	1回/週	R3.07.01～R3.12.31
転倒することのないように過ごしたい。	転倒しないように注意をして、転倒した時には助けを呼ぶことができる。	R3.01.18～R3.12.31	転倒に留意した移動ができ、転倒した時には助けを呼ぶことができる。	R3.07.01～R3.12.31	転倒時で起き上がりが困難な時には助けを呼び起こしてもらう。状況により救急車を呼ぶ。	○	定時巡回・随時対応型訪問介護看護	■■ヘルパーステーション	随時	R3.07.01～R3.12.31
					歩行器での移動、 移乗時の見守り介助	○	訪問介護	XYZケアセンター	1回/日	R3.07.01～R3.12.31
					歩行器、ベストポジションバー、上り框手すりのレンタル	○	福祉用具貸与	福祉用具レンタル■▲	常時	R3.07.01～R3.12.31
家事で困難になっている部分を手伝ってほしい。	できることは自分で行い、不自由な部分を手伝ってもらうことで自宅での生活を続けられる。	R3.01.18～R3.12.31	不自由な家事を手伝ってもらうことで気持ちよく暮らすことができる。	R3.07.01～R3.12.31	・リビング、キッチンの掃除機かけ、浴室、トイレ掃除 ・食品、日用品の買い物 ・ポリバケツへのごみ廃棄	○	訪問介護	XYZケアセンター	2回/週	R3.07.01～R3.12.31
					ゴミの回収	➡	ふれあい収集（地域資源）	資源循環局	1回/週（木曜日）	R3.07.01～R3.12.31
入浴をすることで身体の清潔を保ちたい。	一人で行う入浴の一連の行為を事故のないように行うことができる。	R3.01.18～R3.12.31	無理のない範囲での入浴ができて、浴後のヘルパーに手伝ってもらうことができる。	R3.07.01～R3.12.31	浴後の体調確認、更衣介助 浴室掃除、洗濯	○	訪問介護	XYZケアセンター	1回/週	R3.07.01～R3.12.31
毎日の食事をきちんと摂ることができている。	バランスの良い食事を摂れて健康の維持をすることができる。	R3.01.18～R3.12.31	八百屋さんに配達注文をして自分で調理することができる。	R3.07.01～R3.12.31	バランスの良い食事の提供 室内への配達と安否確認	➡	配食サービス	食材宅配▲■■	毎日	R3.07.01～R3.12.31
					配達の注文 調理		自己努力	本人	1回/週	R3.07.01～R3.12.31
一人暮らしであり、身内も遠いため安心した生活を送りたい。	今後のことの相談や手続きなどの代行をお願いしたい。	R3.01.18～R3.12.31	手続きなどの代行をお願いしたい。	R3.07.01～R3.12.31	入院時の手続きや付き添いなど、困ったときの生活支援	➡	身元保証、生活支援 支払い代行	NPO法人●▲	随時	R3.07.01～R3.12.31
転倒により、日常生活全般で困難になっているため支援をしてほしい。	施設での生活に慣れて受け入れることができるようになる。	R3.01.18～R3.12.31	施設での生活リズムに慣れた生活を送ることができる。	R3.07.01～R3.12.31	日常生活の支援、リハビリ 食事、排泄、移動、清潔、服薬、皮下注射、入浴介助 精神的支援	○	特定施設入居者生活介護（短期利用）	介護付有料老人ホームABC	必要時	R3.07.01～R3.12.31

※1「保険給付の対象となるかどうかの区分」について、保険給付対象内サービスについては○印を付す。
※2「当該サービス提供を行う事業所」について記入する。

第1章

はじめから施設と決めつけない親の介護

01

生活環境の急変は心理的負担も大きい

高齢者の生活環境の変化はプラス・マイナスどっち？

横浜市の実施した「平成28年度横浜市高齢者実態調査」の結果をご覧ください。

要介護になっても自宅で暮らしたい

『あなたは今後もご自宅での介護を希望しますか？』という問いに、『(在宅サービスを利用しながら) 自宅で暮らし続けたい』と回答している要介護者は、7割超（71・6％）です。平成20年度の同調査結果でも、ほぼ同様の7割超だったことから、要介護状態にある高齢者が在宅生活の継続を望む思いは変わっていないことがわかります。

これは、高齢者が**要介護状態になっても住み慣れた自宅で暮らし続けたいという気持ちが強い**ということを示しています。

高齢者にとって生活環境の変化は、様々な不安を抱え込むことになります。

例えば、息子夫婦から「部屋が空いているから一緒に住もう。」と言われて同居したけれど、数カ月で自宅に戻ったという話をよく聞きます。原因は人によって異なりますが、多いのは**生活のリズムが大きく変わったことによるストレス**です。

ストレスで体調を崩したり、病気になることもあります。長く1人で勝手気ままに生活していた人ほど、食事の時間や入浴の時間を決められると、息苦しくなる人もいます。また、住み慣れた地域から全く初めての地域へ行って暮らす不安や不自由さもあります。

何よりも大きな変化は、長年の近所付き合いがなくなり、人間関係がゼロになります。息子夫婦が共働きならば、日中は1人になります。

高齢者の7割が要介護になっても自宅生活を望んでいる

介護サービスの利用と住まいの考え方について、「自宅で暮らしたい」との回答は、高齢者一般で約６割であるのに対し、要介護者では約７割と高くなっています。

介護を必要とする高齢者は、介護を必要としない高齢者と比較して、「自宅で暮らしたい」というニーズが高いことがわかります。

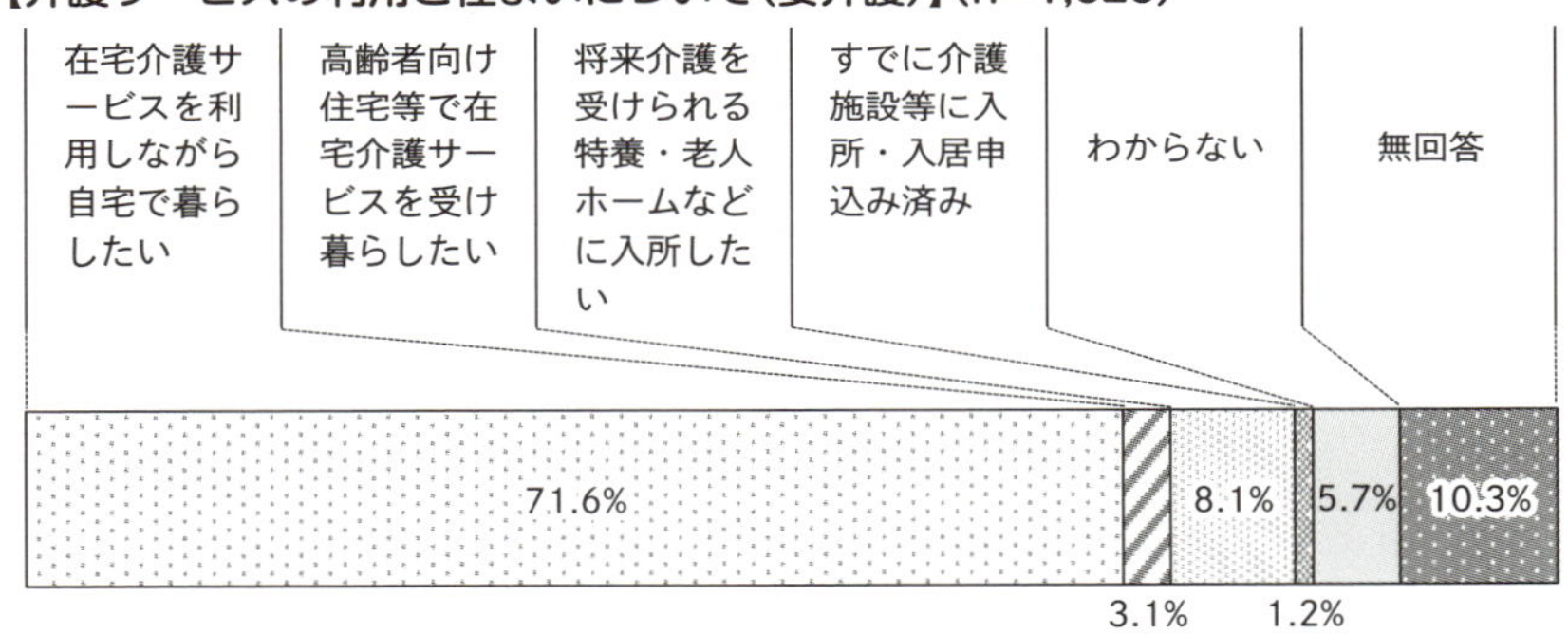

出所：「よこはま地域包括ケア計画（素案）」横浜市（H29.10）

そうなると、マイナス面の方が大きく、長い目で見ればそうしたマイナス面が本人の健康をむしばみ、寿命を縮める原因にならないとも限りません。

必ずしも同居が安全・安心とは限らない

介護が必要になった別居の親が気になる人の言い分は、「お父さん（お母さん）のことが心配だから、いっしょに住んだ方がいい。」というものです。親の希望を尊重せずに自分たちの都合を優先して、**安易に親の生活環境を変えてしまわないように十分に話し合う**ことが大切です。

もちろん、例外もあります。新しい生活環境にすぐに馴染める高齢者もおり、そういう人は自ら積極的に住まいを変えることがあります。庭付き一戸建ての自宅から、駅に近く生活インフラが充実していて利便性が高く、セキュリティも万全なマンションに移り住む高齢者もいます。

ただし、今住んでいる家や地域でこれからも暮らしたいと思うのは、高齢者の７割が望んでいるということを忘れてはなりません。

02

まず本人の意思を聞いて尊重することが大切

家族の安心を理由にした施設入所は考えない

安易に施設入所を考えないこと

1人暮らしの親を呼び寄せて、同居しようと考える人は、要介護状態でなければ容易に同居できると思っているようです。しかし、1人暮らしの高齢の親が脳梗塞や大腿骨骨折などで長期間入院し、いざ退院となると、呼び寄せても親の介護はできず、同居は難しいから介護施設の入所しかないと思い込んでいます。脳梗塞の後遺症で半身まひが残ったり、自力歩行が困難となれば、病院の次は介護施設しかないと考えてしまいます。

筆者はそうしたご相談を受けることがあります。相談者に必ずお聞きするのは、「ご本人の希望をお聞きになりましたか?」ということです。

その答えは、「本人の希望を聞くまでもなく、施設に入ってもらった方が安心だから」というのが圧倒的に多く、他の選択肢は考えていません。また、タイミングよく入院先の病院でも**医療ソーシャルワーカー**から、「退院して家に戻るのは難しいので、施設を探した方がよいです」と言われることがよくあります。

さらに、施設の善し悪しもわからない患者家族は、その病院の系列の施設を勧められます。善意の勧めとはいえ、本人の意思もほとんど確認せずに、すべてを患者家族と病院側が決めてしまうのです。

介護施設に入所した要介護高齢者が、「老いては子に従えというから、子どもたちの考えに従って施設に入りました。でも……」と言って、筆者は、色々とお話を聞いたことが何度かありました。

ところで、介護保険法では、要介護高齢者に介護

保険サービス（介護施設を含む）の**選択権と自己決定権を保障している**ことをご存知でしょうか。同法は、要介護高齢者は弱者であり、その権利を厳格に守ることを謳っています。**本人の希望や意思の確認**は、彼らの尊厳を守るためにも重要なのです。

家族に介護する人がいないときは？

突然、要介護高齢者を抱えた家族が、24時間365日介護できないのは当たり前です。そのために介護保険制度ができたのですから、利用方法を考えるためには知識や情報が必要になります。

介護保険サービスには、訪問介護やデイサービス（通所介護）といった、自宅で暮らしながら利用できる**居宅サービス**（53ページ）があります。一時入所できる施設や医療的なケアが必要な人のための**訪問看護**などもあります。その他、施設系サービスとして、病院を退院してもすぐに家に戻れない人のための在宅復帰に向けたリハビリテーションを行う介護老人保健施設など、必要なサービスを組み合わせて利用することができます。

そうした在宅サービス（居宅サービス）を効果的に利用して、家族の介護負担を最小限にすることは可能です。しかし、いつかは介護施設の入所を検討しなければならない時期が来るでしょう。

本人の生きる意欲を優先する

末期がんの人は余命を宣告された時に、失意のどん底に落とされます。その後、残された時間を有意義に過ごそうと考えて、やり残しがないようにやりたいことをします。そうした本人の希望が叶うように、家族や医療機関は最大限のサポートをします。

では、「施設入所しか選択肢がない」と言われてしまった要介護高齢者は、どんな気持ちになるのでしょうか。**格子のない牢屋に入るような気分だった**という人もいました。

施設入所しか選択肢がないと言う前に、**本人の生活に対する希望や考えを十分に聞くこと**が最優先されるべきではないかと思います。実現するのが困難だとしても、希望や考えを聞くことにより、本人の生きる意欲を引き出すことにつながります。

03

過度の安静状態は廃用症候群を引き起こす

施設入所で状態が悪化するケースも少なくない

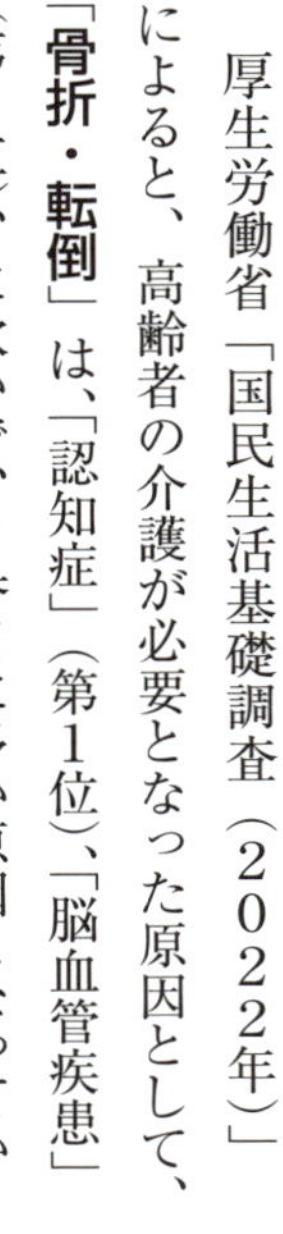

厚生労働省「国民生活基礎調査（2022年）」によると、高齢者の介護が必要となった原因として、**「骨折・転倒」**は、「認知症」（第1位）、「脳血管疾患」（第2位）、に次いで、3番目に多い原因となっています。

転倒・骨折は戸外よりも主に**家の中や入所中の施設内**で起きていています。介護施設にいれば安心だと思っている人もいますが、必ずしもそうではありません。介護職員の介助を受けずに、自分で立ち上がろうとしたり、起き上がろうとして転倒するケースもあります。

転倒・骨折して病院から有料ホーム入居へ

筆者の知人のお父様の例をご紹介します。

転倒し大腿骨の骨折で入院し、手術後にリハビリテーションを受けながら回復を目指しますが、1人暮らしだったので、退院後に家に戻れませんでした。

そこで、長女が半ば強引に介護施設や有料老人ホームの入所、入居をあっせんしている業者を通じて、父親を有料老人ホーム（以下、「ホーム」）に入居させました。入居後、急速に要介護状態が重度化し、**認知症を発症し寝たきり**になりました。

● 人手が掛けられない介護現場

介護現場で慢性的な介護職員不足が続いていることはすでにご承知のとおりです。人手不足は安価なホームほど厳しい傾向があります。そうしたホームでは、ギリギリの介護職員や看護職員で運営しているので、入居者の介護に満足な時間を割けません。

結果的に入居者は室内にいる時間が長くなり、足腰の筋力を回復させるようなリハビリテーションを

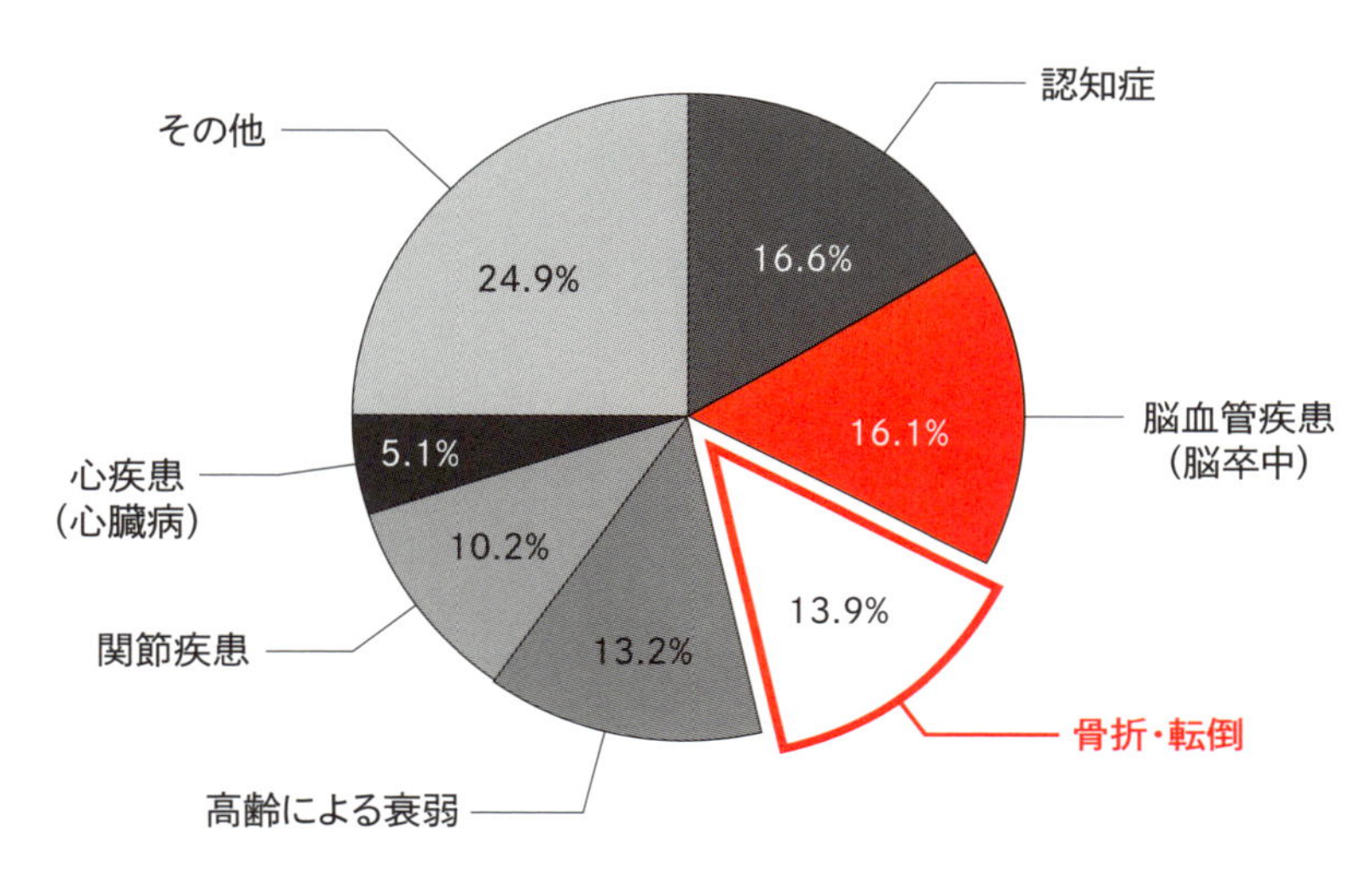

出所：厚生労働省「国民生活基礎調査」（2022年）

行うこともなく、徐々に歩行器使用でも歩けなくなり、立ち上がることすらできなくなります。自ずとベッドに寝たきりになります。

少ない介護職員で寝たきりになった人を介護するのは、1日数回のおむつ交換、食事介助、そして週2回の入浴介助になります。この状況になってしまうと、認知症も発症していたので、昼夜逆転、食事量も減り、衰弱してホーム入居から1年半ほどで亡くなりました。

入居後半年頃に筆者がホームを訪ねようと思い、電話をした時は、お父様も意志疎通ができていましたが、そのわずか1年後に訃報を聞きました。

杖歩行の軽度者が家族の都合で短期入所へ

一般的に「ショートステイ」と言われているのは、**短期入所生活介護**と**短期入所療養介護**です。前者は軽度な要介護者が一時的に短期間入所する施設で、特別養護老人ホームなどに併設されています。

家族が親戚の冠婚葬祭などで数日間家を空けなくてはならない時などに、要介護者を一時的に入所させます。このような事例はよくありますが、杖を使って歩けていた**軽度の要介護者が10日余りで車椅子に乗って帰ってくる**ことは決して珍しくはありません。

では、なぜ杖歩行の軽度要介護者が車椅子を利用するようになってしまうのでしょうか。

短期入所と言っても施設入所と同じですから、介護職員が常時介護しているわけではなく、杖を使って自力で歩行できるとしても、万が一施設内で転倒し骨折したら、施設の責任だと言われかねません。

そう考えると、転倒のリスクを回避するためにどうするか、短期入所でも入所中は車椅子を使って移動してくださいという施設があります。

安静状態が長く続くと身体機能は低下する

わずか1週間でもベッド上で安静状態を続ければ、筋力は10～15％低下すると言われています。移動はすべて車椅子ですから、身体は楽です。10日間車椅子生活を続けると、杖歩行が不安に感じられても不思議ではありません。

退所する時に、施設の担当者は、「転倒すると困るので、車椅子を使っていました。」と、家族に伝えます。事前にそんなことは聞いていないと思っても「安全のために」とか、「転倒する恐れがあるので」と言われると、妙に納得してしまいます。

かくして、杖歩行できていた軽度な要介護者は、10日間の短期入所生活介護を利用している間に車椅子生活に慣れて帰ることになったわけです。

もちろん、その後、間を空けずにリハビリテーション等を行えば、元に戻すこともできるでしょうが、本人には辛いリハビリになるかも知れません。

04 自立支援・重度化防止が介護サービスの本旨
できることは自分でやり、できないことは手伝ってもらう

介護サービスの目的は自立支援と重度化防止

２０１８年４月は、介護保険法の改正と介護報酬（介護保険サービスの費用）の改定が同時にありました。これに合わせて、保険者である市区町村や介護事業者に求められたことは、利用者の「**自立支援**」と「**重度化防止**」でした。これは介護サービスの受け手側である要介護高齢者にも、間接的に求められるテーマです。

介護事業者に求められているのは、利用者の「自立支援」ですから、利用者ができることとできないことをはっきりと見極めて、本人ができないことをサポートし、できることは自力でやってもらうような対応をしなければなりません。これまでは、利用者ができることまで介護職員が手を出していたので楽になった反面、利用者の要介護状態が悪化してしまう傾向がありました。

利用者ができることはやってもらう

重度化防止については、利用者の現状を維持するサービスを提供するよう、介護事業者に求められています。時には、ちょっと辛い動作でも、やればできることは利用者の重度化防止のためにやってもらうという考え方が少しずつ浸透していくでしょう。

要介護状態になっても、自分でできることとできないことを自分なりに知ること（自覚すること）は重要です。

例えば、部屋の掃除を例にとると、掃除機を使って床を掃除することができる人でも、腰痛やひざ痛で床を雑巾がけすることは難しいです。訪問介護の

地域包括ケアシステムのイメージ

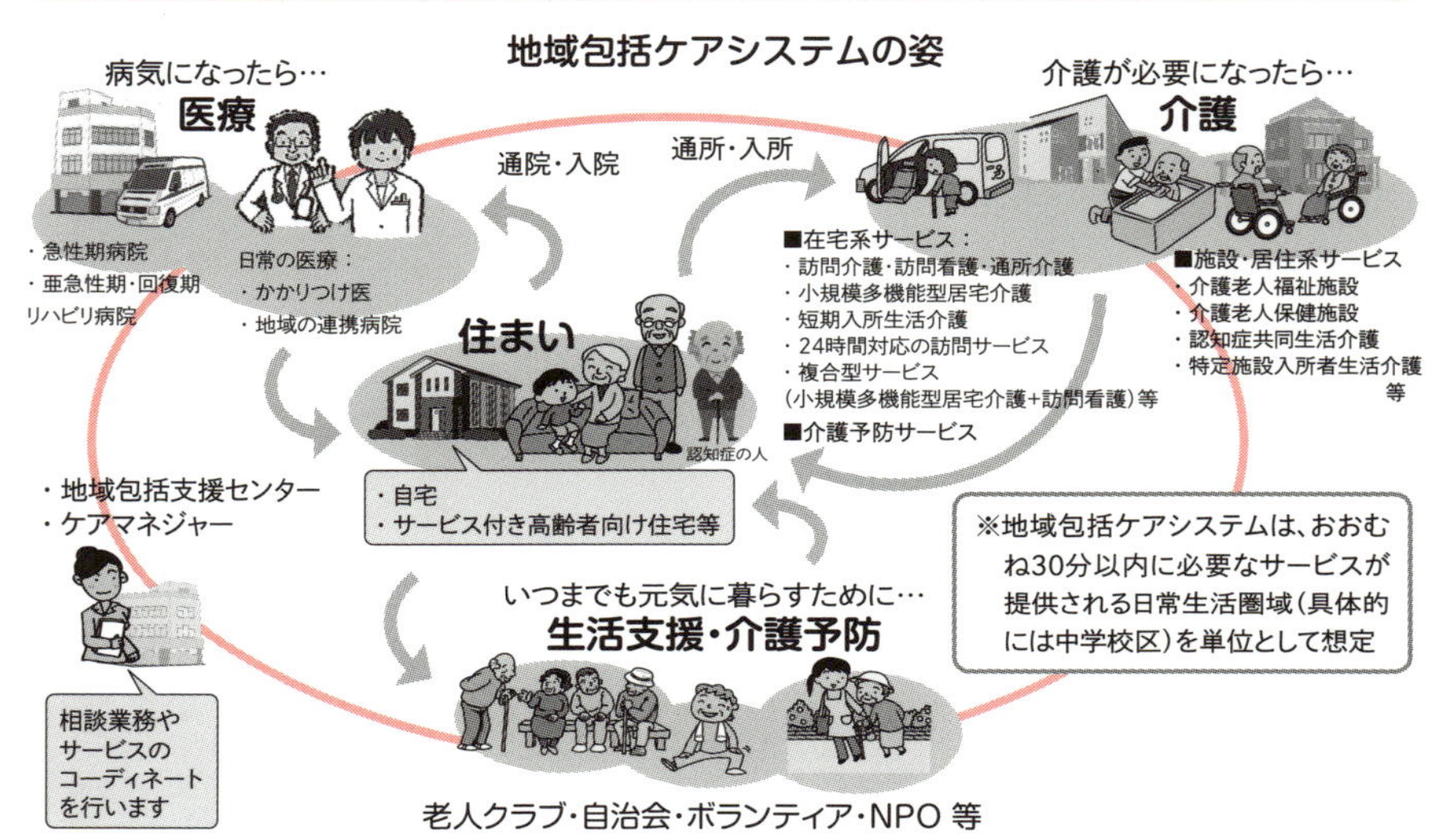

出所：「地域包括ケアシステムについて」厚生労働省老健局資料

ホームヘルパー（訪問介護員）には、床の雑巾がけを手伝ってもらうことになります。

また、玄関の床をほうきで掃くことはできるけれど、玄関のドアの拭き掃除は上部に手が届かないので、ヘルパーにやってもらうことになります。

長年住み慣れた家で、若い時からやっていた自分なりの掃除のやり方が一部できなくなっていても、ヘルパーといっしょに掃除することにより、家をきれいにしている充実感もあるはずです。そうしたほんのちょっとした前向きな気持ちの積み重ねが、要介護者が在宅生活を続けられる力になります。

地域包括ケアシステムの推進が急がれる

2025年には806万人の団塊の世代（昭和22年～24年生まれ）がすべて75歳以上になり、いずれは介護施設に入所できない人が増えることは容易に想像できます。ですから、要介護状態になってもできるだけ在宅サービスを利用して最期まで住み慣れた地域で暮らし続けられるしくみ（**地域包括ケアシステム**）を、国をあげて進めているわけです。

05

認知症も早めの診断で打つ手はある

早期の診断・治療と認知症向けの介護サービス

認知症の初期症状は、専門医でも診断が分かれるところですが、明らかに認知症の症状が見られる時とそうでない時があります。

認知症のチェックリスト（10項目）

さて、次頁の表は高齢者が自分自身で認知症に気づくためのチェックリストです。日常生活中の10項目にそれぞれ該当する点数に○をつけてみましょう。家族が親の認知症をチェックするためにも使えます。結果は、下段に合計点数を記入し、20点以上の場合は、認知機能や社会生活に支障が出ている可能性があります。早めにかかりつけ医や地域包括支援センター、役所の担当窓口に相談しましょう。

認知症と診断されても、初期症状の時期であれば専門医の定期的な治療と投薬などで、現在の状態をできるだけ維持することは可能です。ただし、周囲の人や家族の対応の仕方がよくないと、症状は加速度的に進行することがあります。

認知症の親を抱える家族は、認知症の親を中心とした日常生活を送ることになりますが、初期症状が長く安定していれば、本人は穏やかな生活を続けられます。家族の負担も最小限に止められます。

認知症も在宅介護サービスを利用できる

認知症になっても利用できる介護保険サービスはいろいろとあります。家族と同居していて、昼間はひとりになる認知症の要介護高齢者には、認知症の人だけが通うデイサービス（**認知症対応型通所介護**）があります。認知症の利用者が少人数で、１日いっしょに過ごすことができます。

認知症のチェックリスト

「自分でできる認知症の気づきチェックリスト」

※ご家族や身近な方がチェックすることもできます。

最もあてはまるところに○をつけてください。

		まったくない	ときどきある	頻繁にある	いつもそうだ
チェック①	財布や鍵など、物を置いた場所がわからなくなることがありますか	1点	2点	3点	4点
チェック②	5分前に聞いた話を思い出せないことがありますか	1点	2点	3点	4点
チェック③	周りの人から「いつも同じ事を聞く」などのもの忘れがあると言われますか	1点	2点	3点	4点
チェック④	今日が何月何日かわからないときがありますか	1点	2点	3点	4点
チェック⑤	言おうとしている言葉が、すぐに出てこないことがありますか	1点	2点	3点	4点

		問題なくできる	だいたいできる	あまりできない	できない
チェック⑥	貯金の出し入れや、家賃や公共料金の支払いは一人でできますか	1点	2点	3点	4点
チェック⑦	一人で買い物に行けますか	1点	2点	3点	4点
チェック⑧	バスや電車、自家用車などを使って一人で外出できますか	1点	2点	3点	4点
チェック⑨	自分で掃除機やほうきを使って掃除ができますか	1点	2点	3点	4点
チェック⑩	電話番号を調べて、電話をかけることができますか	1点	2点	3点	4点

チェックしたら、①から⑩までの合計を計算▶ 合計点 □ 点

20点以上の場合は、認知機能や社会生活に支障が出ている可能性があります。

かかりつけ医などの医療機関や地域ケアプラザ、区役所高齢・障害支援課に相談してみましょう。

※このチェックの結果はあくまでもおおよその目安で医学的診断に代わるものではありません。
認知症の診断には医療機関での受診が必要です。

※身体機能が低下している場合は点数が高くなる可能性があります。

認知症に早く気づくことのメリット

- 早い段階で薬を飲むことで、進行をゆるやかにできることがある。
- 本人や家族の状況に合わせて生活を見直すことができる。

など

こちらも確認！ 3つ全てにチェックを入れられるようにしましょう

- □ 年1回健康診断を受けている。
- □ かかりつけ医療機関（医師、歯科医、薬局）がある。
- □ 外に出る活動（趣味・ボランティア活動など）をしている。

出所：東京都福祉保健局高齢社会対策部発行「知って安心 認知症」より抜粋

06 在宅介護と施設入所（入居）の分かれ目はどのあたり？

介護保険外の使える在宅サービスももれなくチェック

家族の介護力と周囲のサポート力

要介護状態にある高齢者が在宅生活を続けられるかどうかは、本人を取り巻くその時々の状況によって大きく変わります。単に家族の介護力だけが大きな問題とも言えません。介護力を人的労力や金銭的な余力で判断するのではなく、**本人が望む在宅生活もしくは施設生活を実現する力**と考えましょう。

労力も金銭的余力も必要ですが、それ以上に本人が希望する生活に近づけるためには、様々な情報も必要です。具体的には、在宅生活を続けるために何が必要で、それはどこにあり、本人の希望にふさわしいものなのか、そうした視点で正確な情報を集めることが大切です。

介護保険には、利用する目的によって多種多様なサービスがあります。また、地域には介護保険以外の便利で役に立つ福祉サービスもあるでしょう。しかし、家族による情報収集には限界があります。そこで、信頼できるケアマネジャーの存在が大きいと言えます。

地域包括支援センター

要介護高齢者を支える仕組みとして、前述の「地域包括ケアシステム」があります。その要になるのが、地域包括支援センターです。

同センターには、社会福祉士、保健師（または看護師）、主任介護支援専門員（経験5年以上のケアマネジャーが取得できる資格者）などがいます。気軽に様々な相談ができます。

同センターの機能の1つに「**総合相談支援業務**」

地域包括支援センターの業務

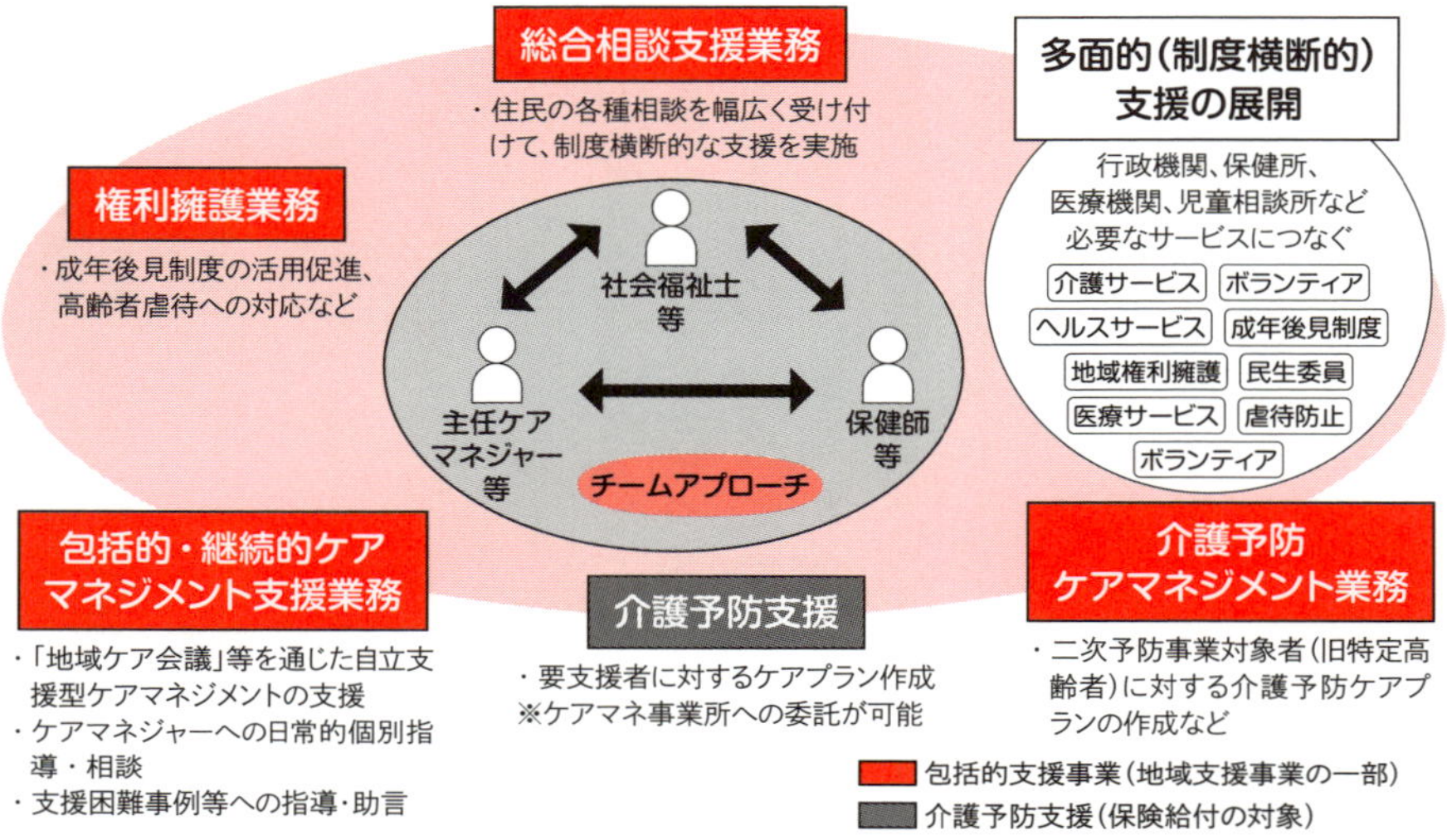

総合相談支援業務
・住民の各種相談を幅広く受け付けて、制度横断的な支援を実施

権利擁護業務
・成年後見制度の活用促進、高齢者虐待への対応など

社会福祉士等
主任ケアマネジャー等
保健師等
チームアプローチ

多面的（制度横断的）支援の展開
行政機関、保健所、医療機関、児童相談所など必要なサービスにつなぐ
介護サービス
ボランティア
ヘルスサービス
成年後見制度
地域権利擁護
民生委員
医療サービス
虐待防止
ボランティア

包括的・継続的ケアマネジメント支援業務
・「地域ケア会議」等を通じた自立支援型ケアマネジメントの支援
・ケアマネジャーへの日常的個別指導・相談
・支援困難事例等への指導・助言

介護予防支援
・要支援者に対するケアプラン作成
※ケアマネ事業所への委託が可能

介護予防ケアマネジメント業務
・二次予防事業対象者（旧特定高齢者）に対する介護予防ケアプランの作成など

包括的支援事業（地域支援事業の一部）
介護予防支援（保険給付の対象）

出所：厚生労働省資料

があり、高齢者の日常生活に関わる悩みや相談に対応しています。もちろん、介護についての相談にも応じていますので、家族や近隣の方々が最寄りの地域包括支援センターを活用することも広い意味で介護力と言えます。

周囲のサポートとしては、最も身近な**民生委員**の存在があります。民生委員が定期的に集まり、地域に関する情報交換を行っていますので、何かしらのサポートができるはずです。

福祉サービスや地域の社会インフラなど

1人暮らしの高齢者が要介護状態になったら、すぐに施設入所だと考える人が多いですが、本人が在宅生活を続ける意思があれば、その方法は必ず見つかります。介護保険のサービスだけではなく、地域には、要介護状態の人のために様々なサービスがあるはずです。介護を必要としていない人には気が付かないものや、市区町村が独自に提供しているサービスもあります。

44ページの表は、地方自治体が提供している介護保険外のサービス例です。どちらの市区町村でも同様の福祉サービスがありますが、地域の特徴やニーズによって、提供するサービスに違いがありますので、最寄りの市役所、区役所等に問い合わせ、配布されているパンフレットなどで確認しましょう。

入所系サービスと居住系サービスの違い

要介護状態になって、本人の希望で在宅生活を続けていても、施設入所を検討せざるを得ない時期が来るかもしれません。下図のように、施設には「入所する」という「**施設系サービス**」と、施設と同じような建物で「入居する」という「**居住系サービス**」があります。

このうち、「**サービス付き高齢者向け住宅**」だけが介護保険外で国土交通省の所管です。一般的には「サ高住」と呼ばれています。明らかに名称が「住宅」ですから、賃貸住宅に近いものです。

入所と入居の違いは、要介護度とも関係している点があります。居住系サービスのホームや住宅に入居する要介護高齢者は、比較的要介護度が低い１・２程度の人が多く、中重度の３～５の人は、施設系サービスの施設に入所するという理解でも差し支えないでしょう。

もちろん、例外もあります。グループホームの入居者が認知症以外の疾患があり、重度化した時は、退居を求められる場合もあれば、最期の看取りまで行われる場合もあります。

また、入所の対象となる「施設系サービス」では、近年、医療的対応の必要性が高まり、法改正、介護報酬改定を通じて医師の配置を促進しています。

施設系サービスと居住系サービス

施設系

・介護老人福祉施設（介護保険）
・介護老人保健施設（介護保険）
・介護医療院（介護保険）

居住系

・認知症対応型共同生活介護（介護保険）
・特定施設入居者生活介護（介護保険）
・サービス付き高齢者向け住宅（介護保険外）

介護保険以外の高齢者福祉サービスの例

サービス名	サービス内容の例
緊急通報装置のレンタル	65歳以上の１人暮らしまたは寝たきりの人などを対象に、急病や災害の時にすぐに通報できる緊急通報装置を貸与する。
日常生活用具の給付	65歳以上の１人暮らしまたは寝たきりの人などを対象に、火災警報器、自動消火器、電磁調理器、マットレス、入浴補助具、シルバーカーなどを給付する。
紙おむつの給付	65歳以上で要介護１～５の人に、紙おむつを支給する。
配食サービス	65歳以上の１人暮らしや65歳以上のみの世帯を訪問して栄養のバランスのとれた食事を配送するとともに、安否確認を行う。
訪問理美容サービス	65歳以上で要介護４・５などの人の自宅に、理容師・美容師が出張して調髪やカットを行う。
外出支援サービス	65歳以上の要介護または要支援の認定者で、他の交通機関の利用が困難な人を対象に、リフト付き専用車両などで送迎を行う。
訪問歯科診療	通院が困難な高齢者を対象に、自宅を訪問して歯科診療（保険診療）を行う。
定期訪問	65歳以上の虚弱な１人暮らしの人（近所に親族等がいないこと）に民生委員が定期訪問し、安否確認や日常生活の相談を受ける。
寝具乾燥サービス	65歳以上の１人暮らしや65歳以上のみの世帯で、住宅事情などで寝具の乾燥が困難な人に、寝具の乾燥サービスを行う。

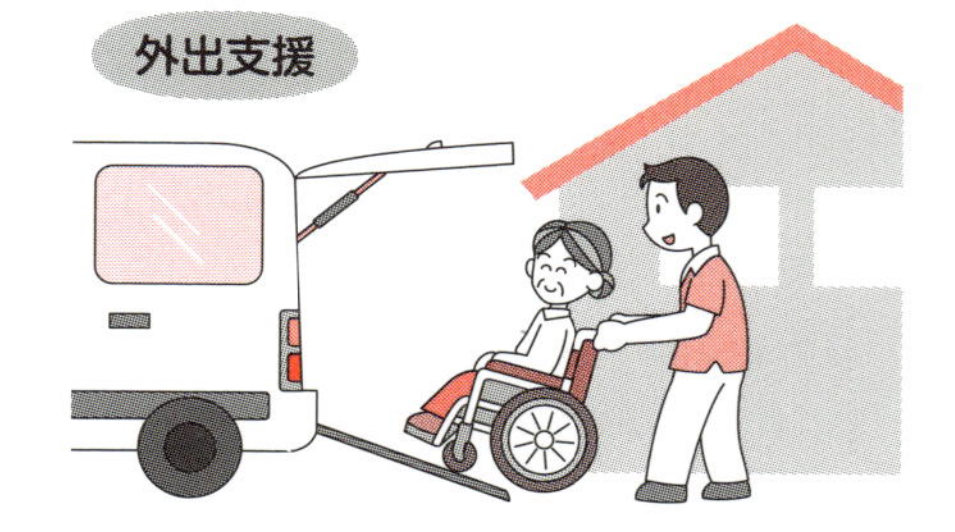

POINT

各市区町村では類似のサービスを行っている場合が多い。所得制限や利用条件などが異なるので確認すること。

第2章

介護保険のしくみと利用のしかた

01

介護保険の被保険者とサービスを受けられる人

40歳以上のすべての人が加入する社会保険制度

介護保険とはどんな制度か？

介護保険は介護が必要な高齢の人に、その費用を給付する**社会保険**です。保険ですから、皆で保険料を負担し、必要な人に給付する仕組みです。

どんな保険でも同じですが、給付を受けるためには、いろいろと手続きをしなければなりませんし、保険給付を受けられるかどうかの審査もあります。

介護保険制度の運営主体（保険者）は、全国の**市町村と東京23区**（以下「市区町村」）で、保険料と税金で運営されています。

介護サービスを受けるには、原則として保険給付（サービスの総費用）の1割分が**利用者負担**となります。ただし、年収220万円以上の場合、利用者負担率が2割ないしは3割になります（55ページ）。

介護サービスを受けられる人

40歳になると介護保険への加入が義務付けられ、介護保険料を支払います。

介護保険の加入者は、**第1号被保険者**（65歳以上）と**第2号被保険者**（40歳以上64歳までの人）に分類されます。保険料の支払い義務はどちらにもあり、第2号被保険者は加入する健康保険の保険料と一緒に徴収され、第1号被保険者は原則として年金から天引きされます。

介護サービスを利用できるのは、原則として第1号被保険者のみとなります。第2号被保険者は老化に起因する**特定疾病**（国が指定している**16疾病**）により要介護認定を受けた場合に限り、サービスの対象となります（199ページ）。

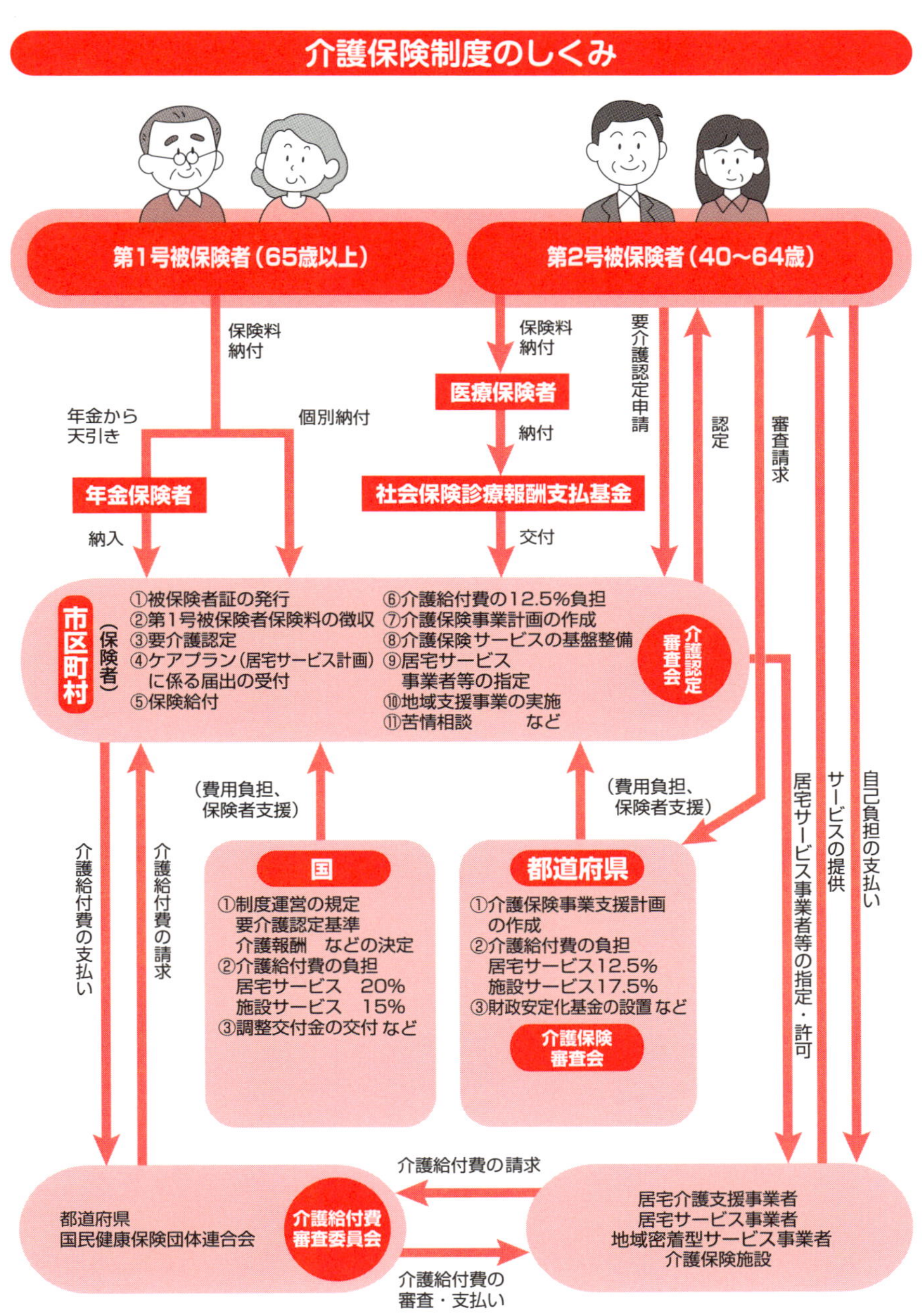

出所：「横浜市介護保険総合案内パンフレット（2024年度版）」を一部修正

02 要介護認定の申請と結果の通知

要介護（要支援）認定区分や有効期間が決定される

介護保険のサービスを利用するには、要介護（要支援）認定を受けることが必要です。

要介護認定の流れ

①要介護認定を申請する

本人または家族などが市役所（区役所、町村役場など）で申請します。**地域包括支援センターや居宅介護支援事業所**などに申請手続きを代行してもらうこともできます。申請代行は無料です。

申請時に**主治医の指定**が必要になりますので、事前にかかりつけ医などに相談して依頼しておきます。主治医には後から「**主治医意見書**」を作成してもらうことになります。

②認定調査を受ける

申請後には認定調査があります。事前に役所の担当部署等から連絡があり、調査員が自宅などに訪問して74項目の調査票を元に、本人や家族から聞き取り調査を行います。

③審査・判定

認定調査結果や主治医意見書を元に、コンピュータよる一次判定を行い、次に保健、医療、福祉の専門家からなる**介護認定審査会**で、どの程度の介護が必要かなどの審査、判定を行います（二次判定）。

④認定結果の通知

認定結果と**介護保険被保険者証**（申請時提出）が届きます。

通知書と**介護保険負担割合証**が届いたら、その内容を確認します。確認することは、**要介護状態区分**（「要支援1・2」「要介護1～5」「非該当（自立）」）や認定の有効期間、利用者負担の割合などです。

要介護（要支援）認定の流れ

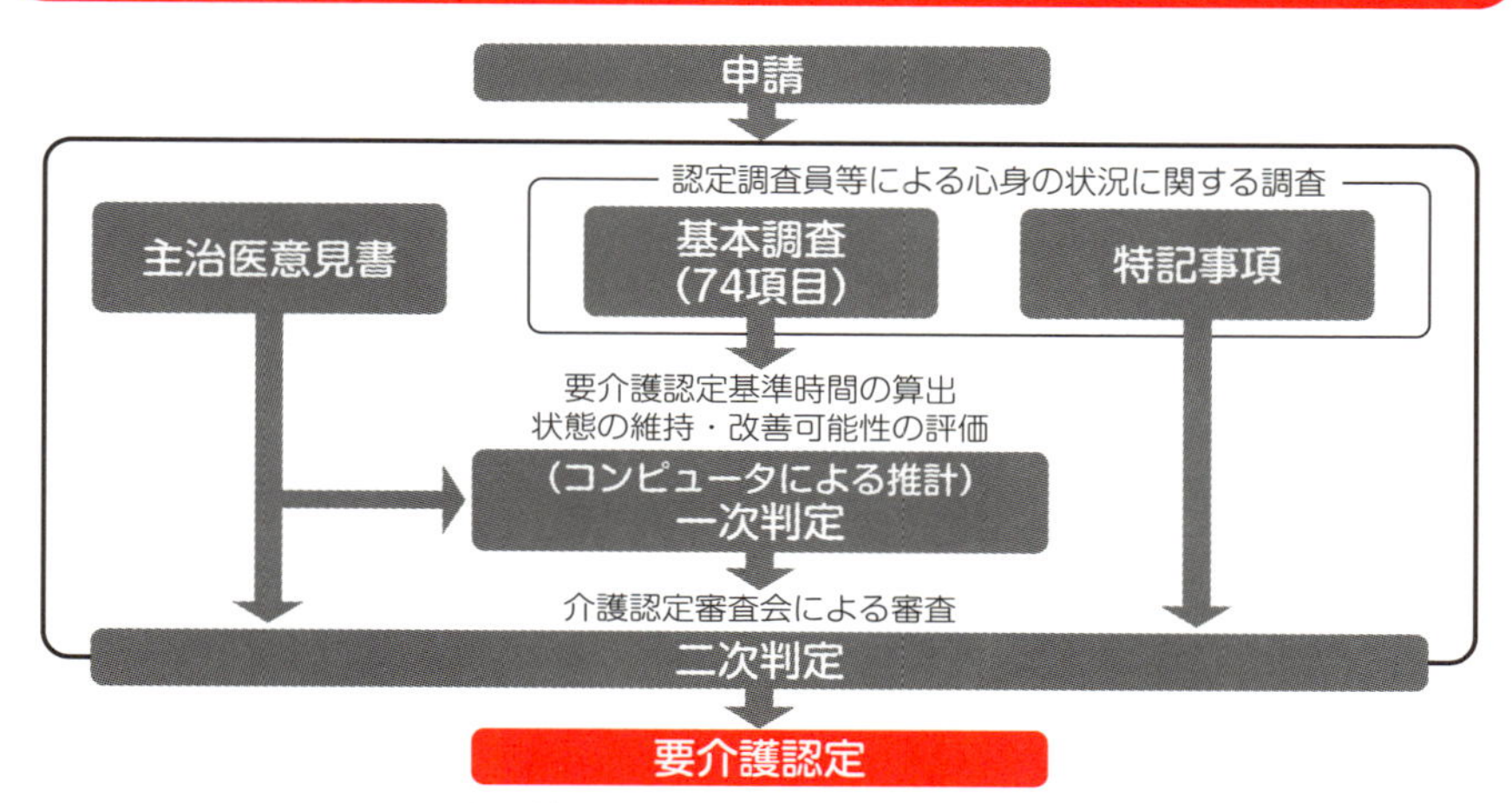

出所：「介護保険制度をめぐる状況について（令和6年12月）」厚生労働省老健局より抜粋

要介護（要支援）状態区分と状態像

程度	区分	心身の状態の例
軽度	要支援1	排泄や食事はほとんど自分ひとりでできるが、要介護状態とならないように身の回りの世話の一部に何らかの介助（見守りや手助け）を必要とし、適切にサービスを利用すれば改善の見込みの高い方。
	要支援2	排泄や食事はほとんど自分ひとりでできるが、身の回りの世話に何らかの介助（見守りや手助け）を必要とし、適切にサービスを利用すれば改善の見込みの高い方。
	要介護1	排泄や食事はほとんど自分ひとりでできるが、身の回りの世話に何らかの介助（見守りや手助け）を必要とする。
	要介護2	排泄や食事に何らかの介助（見守りや手助け）を必要とすることがあり、身の回りの世話の全般に何らかの介助を必要とする。歩行や移動の動作に何らかの支えを必要とする。
中重度	要介護3	身の回りの世話や排泄が自分ひとりでできない。移動等の動作や立位保持が自分でできないことがある。いくつかの問題行動や理解の低下が見られることがある。
	要介護4	身の回りの世話や排泄がほとんどできない。移動等の動作や立位保持が自分ひとりではできない。多くの問題行動や全般的な理解の低下が見られることがある。
	要介護5	排泄や食事がほとんどできない。身の回りの世話や移動等の動作や立位保持がほとんどできない。多くの問題行動や全般的な理解の低下が見られることがある。

※上に示した状態は平均的なものなので、完全に一致しないことがある。

出所：朝霞市HPを一部改変

03 介護サービスの種類と利用の手続き

在宅生活の継続か施設入所かを選択する

要介護1～5の認定を受けた人

●在宅サービスを希望する場合

①ケアマネジャーを決める

居宅介護支援事業所に所属するケアマネジャー（介護支援専門員）を決めて、契約します。

②ケアプラン（居宅サービス計画書）を作成依頼する

在宅生活に必要なサービスについて、ケアマネジャーと相談します。ケアマネジャーが作成したケアプランを確認します。

③介護サービス事業者と契約する

訪問介護や通所介護などのサービス事業者との契約時には、契約書や重要事項説明書の内容を十分に確認します。これについては、第7章で詳しく解説します。

④サービスの利用をする

契約した事業者のサービスを利用します。

●施設入所を希望する場合

①利用する施設を選ぶ

希望する施設で、サービス内容や契約内容について説明を受けます。どこにどんな施設があるかなどの情報は、地域包括支援センターや役所の担当窓口などで提供しています。

②入所を申し込む

特別養護老人ホームは、**入所申込受付センター**や市役所（区役所、町村役場）、地域包括支援センターなどで入所申込みを受け付けます。要介護度により入所可能な時期が異なったり、入所待機者が多い地域もありますので、事前に確認しましょう。その他の施設は、各施設に直接相談し申し込みます。

③入所先・入居先の施設と契約する

介護付き有料老人ホームやサービス付き高齢者向け住宅などのサービス事業者との契約時には、契約書や重要事項説明書の内容を十分に確認します。

④入所・入居してサービスの利用を始める

要支援1・2の認定を受けた人

①住所地の地域包括支援センターに介護予防ケアプラン（介護予防サービス計画書）の作成を依頼

②サービス事業者と契約する

③サービスを利用する

非該当（自立）の認定を受けた人

要介護認定で「非該当（自立）」との結果が出た人でも、要支援相当の人で「**基本チェックリスト**」の「**サービス事業対象者**」に該当した人は、市区町村が実施する地域支援事業の中の「**介護予防・日常生活支援総合事業**」のサービスが利用できます。

この中には訪問型サービスや通所型サービスなどもあり、訪問介護や通所介護に相当するサービスが受けられます（52ページ）。

また、事業対象者に該当しなかった人でも、65歳以上の方であれば誰でも、総合事業の中の「**一般介護予防事業**」が利用できます。健康体操やマシンによる筋力トレーニング、頭の体操（クイズなど）など、いろいろなメニューが実施されています。

介護サービス利用の手続きと流れ

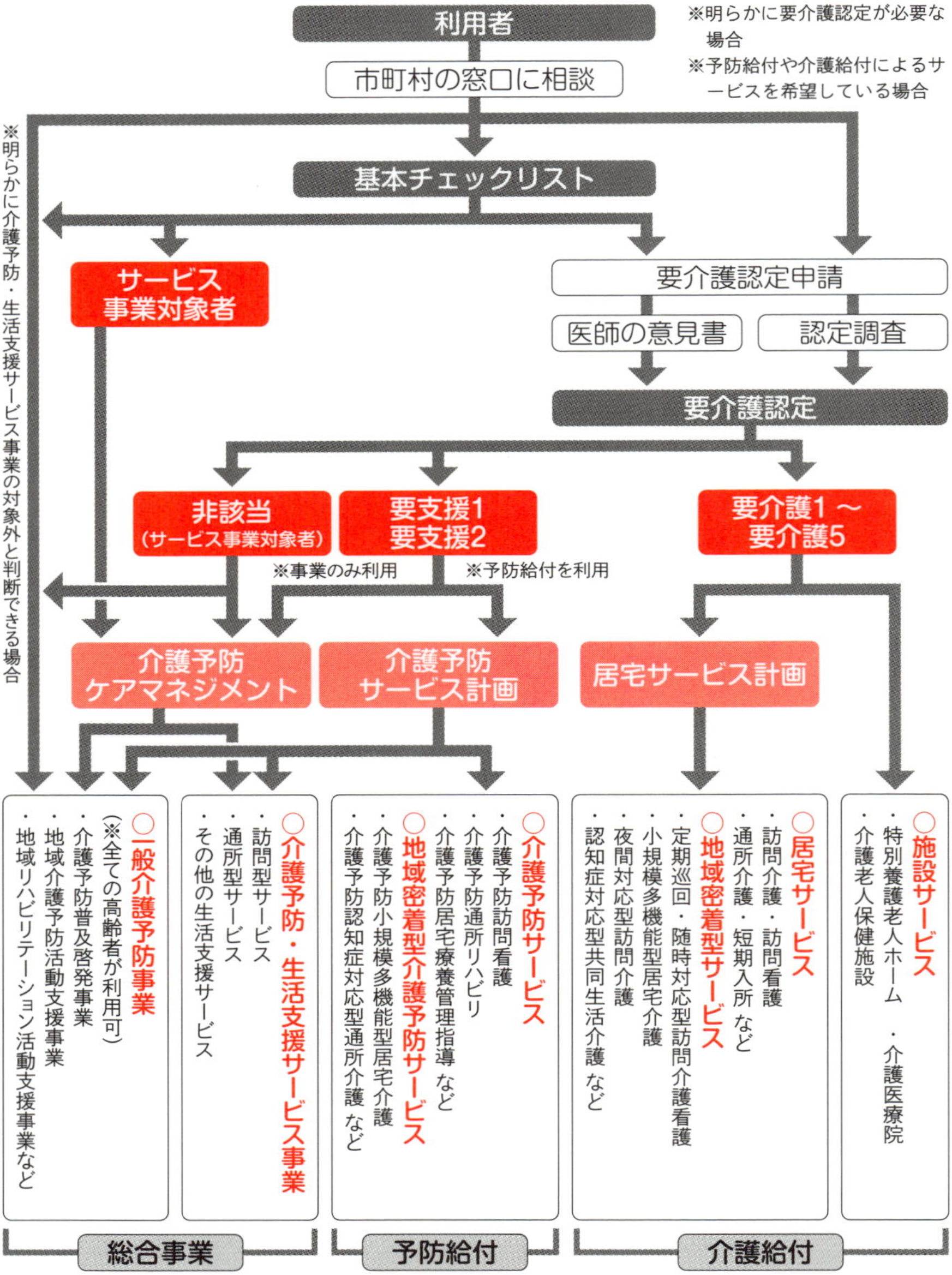

利用者

市町村の窓口に相談

※明らかに要介護認定が必要な場合
※予防給付や介護給付によるサービスを希望している場合

※明らかに介護予防・生活支援サービス事業の対象外と判断できる場合

基本チェックリスト

サービス事業対象者

要介護認定申請

医師の意見書

認定調査

要介護認定

非該当（サービス事業対象者）

要支援1
要支援2

要介護1～
要介護5

※事業のみ利用

※予防給付を利用

介護予防ケアマネジメント

介護予防サービス計画

居宅サービス計画

○一般介護予防事業
（※全ての高齢者が利用可）
・介護予防普及啓発事業
・地域介護予防活動支援事業
・地域リハビリテーション活動支援事業など

○介護予防・生活支援サービス事業
・訪問型サービス
・通所型サービス
・その他の生活支援サービス

○介護予防サービス
・介護予防訪問看護
・介護予防通所リハビリ
・介護予防居宅療養管理指導 など

○地域密着型介護予防サービス
・介護予防小規模多機能型居宅介護
・介護予防認知症対応型通所介護 など

○居宅サービス
・訪問介護・訪問看護
・通所介護・短期入所 など

○地域密着型サービス
・定期巡回・随時対応型訪問介護看護
・小規模多機能型居宅介護
・夜間対応型訪問介護
・認知症対応型共同生活介護 など

○施設サービス
・特別養護老人ホーム ・介護医療院
・介護老人保健施設

総合事業

予防給付

介護給付

出所：「介護保険制度をめぐる状況について（令和6年12月）」厚生労働省老健局より抜粋

介護サービスの種類

介護給付を行うサービス

居宅介護サービス

訪問サービス
○訪問介護（ホームヘルプサービス）
○訪問入浴介護
○訪問看護
○訪問リハビリテーション
○居宅療養管理指導

通所サービス
○通所介護（デイサービス）
○通所リハビリテーション

短期入所サービス
○短期入所生活介護（ショートステイ）
○短期入所療養介護

○特定施設入居者生活介護
○福祉用具貸与
○特定福祉用具販売

居宅介護支援

施設サービス
○介護老人福祉施設
○介護老人保健施設
○介護医療院

地域密着型介護サービス
○定期巡回・随時対応型訪問介護看護
○夜間対応型訪問介護
○地域密着型通所介護
○認知症対応型通所介護
○小規模多機能型居宅介護
○認知症対応型共同生活介護（グループホーム）
○地域密着型特定施設入居者生活介護
○地域密着型介護老人福祉施設入所者生活介護
○複合型サービス（看護小規模多機能型居宅介護）

予防給付を行うサービス

介護予防サービス

訪問サービス
○介護予防訪問入浴介護
○介護予防訪問看護
○介護予防訪問リハビリテーション
○介護予防居宅療養管理指導

通所サービス
○介護予防通所リハビリテーション

短期入所サービス
○介護予防短期入所生活介護（ショートステイ）
○介護予防短期入所療養介護

○介護予防特定施設入居者生活介護
○介護予防福祉用具貸与
○特定介護予防福祉用具販売

地域密着型介護予防サービス
○介護予防認知症対応型通所介護
○介護予防小規模多機能型居宅介護
○介護予防認知症対応型共同生活介護（グループホーム）

介護予防支援

この他、居宅介護（介護予防）住宅改修、介護予防・日常生活支援総合事業がある。

出所：「介護保険制度をめぐる状況について（令和6年12月）」厚生労働省老健局より抜粋

04

低所得者には様々な負担軽減策がある

介護サービスにかかる費用と負担のしくみ

介護保険の利用限度額（区分支給限度額）

介護保険の居宅サービス（在宅サービス）には、要介護度別に**利用限度額**があり、その範囲内でサービスを利用できます。限度額を超えたサービスを使用する場合、超えた分は全額自己負担になります（施設サービスは、要介護度と入所する施設で利用限度額が決まっています）。

ただし、「特定施設入居者生活介護（介護付き有料老人ホーム等）や「認知症対応型共同生活介護（認知症グループホーム）等には、利用限度額は適用されません。また、「居宅療養管理指導」は利用限度額の対象外ですから、月に何度でも利用できます。

また、実際の費用は、「サービス毎に決められた単位数×都道府県・市区町村の地域区分単価（10円～11・40円）によって算定されます（58ページ）。

例えば、要介護1の人は、1カ月に最高で16万7650円（1万6765単位・1単位=10円の場合）分の居宅サービスを利用できますが、そこまで必要なければ、利用限度額の上限まで利用する必要はありません。

利用者負担（自己負担）は1割～3割

例えば、訪問介護やデイサービスなどを組み合わせて計10万円の利用があったとします。その場合の利用者負担額は、使ったサービスの総費用の1割にあたる1万円となります（利用者の所得によっては2割・3割の負担となります）。

利用者負担割合は次の表で判定されます。所得によって1割～3割の負担率となります。

居宅サービスの利用限度額（区分支給限度額）

要介護度等		利用できる単位数（１カ月）	1カ月の利用限度額の目安
要支援	要支援1	5,032単位	50,320円
	要支援2	10,531単位	105,310円
要介護	要介護1	16,765単位	167,650円
	要介護2	19,705単位	197,050円
	要介護3	27,048単位	270,480円
	要介護4	30,938単位	309,380円
	要介護5	36,217単位	362,170円

※１単位＝10円の場合

利用者負担割合

割合	基　準
１割	以下の①～⑥のいずれかに該当する人 ①本人が市町村民税非課税 ②本人の合計所得金額※が160万円未満 ③本人の合計所得金額が160万円以上で、次のアまたはイの条件を満たす ア．世帯に第１号被保険者が本人しかいない場合で、本人の「公的年金等収入額＋その他の合計所得金額」の合計が280万円未満 イ．世帯に第１号被保険者が本人を含めて複数いる場合で、世帯の第１号被保険者の「公的年金等収入額＋その他の合計所得金額」の合計が346万円未満 ④生活保護等受給者 ⑤旧措置入所者（平成12年４月１日以前から、市町村の措置により特別養護老人ホームに入所している人） ⑥第２号被保険者（40歳から64歳までの人）
２割	以下の①または②に該当する人 ①１割に該当しない人のうち、本人の合計所得金額が220万円未満 ②本人の合計所得金額が220万円以上で、次のアまたはイの条件を満たす ア．世帯に第１号被保険者が本人しかいない場合で、本人の「公的年金等収入額＋その他の合計所得金額」の合計が280万円以上340万円未満 イ．世帯に第１号被保険者が本人を含めて複数いる場合で、世帯の第１号被保険者の「公的年金等収入額＋その他の合計所得金額」の合計が346万円以上463万円未満
３割	本人の合計所得金額が220万円以上で、次のアまたはイの条件を満たす人 ア．世帯に第１号被保険者が本人しかいない場合で、本人の「公的年金等収入額＋その他の合計所得金額」の合計が340万円以上 イ．世帯に第１号被保険者が本人を含めて複数いる場合で、世帯の第１号被保険者の「公的年金等収入額＋その他の合計所得金額」の合計が463万円以上

※合計所得金額…税法上の合計所得金額から、公的年金等控除額等の見直しによる影響を考慮し、さらに土地や建物の売却に係る短期・長期譲渡所得の特別控除額を差し引いた金額をいう

出所：「横浜市介護保険総合案内パンフレット（2024年度版）」を一部改変

居住費（滞在費）と食費は自己負担

介護保険の施設系サービス3施設に入所する際や、（介護予防）短期入所生活介護・療養介護を利用するときには、サービス費以外にも部屋代（**居住費・滞在費**）と**食費**がかかり、**全額自己負担**となります。

部屋代、食費ともに国が定めた基準額（**基準費用額**）を支払いますが、低所得の人のサービス利用が困難にならないよう、所得に応じた負担軽減策（**特定入所者介護サービス費による補足給付**）があり、負担限度額が設けられています。

●認定証の交付を受ける

特定入所者介護サービスを利用するためには、申請が必要です。役所の保険年金課等に申請し認定を受けると、「**介護保険負担限度額認定証**」が交付されます。

●利用する施設へ提示

利用時に、施設に「介護保険負担限度額認定証」を提示すると、部屋代、食費の自己負担が段階に応じて、下の表「負担限度額」の金額に軽減されます。

居住費・滞在費と食費の負担限度額（日額）

段階	負担限度額（円／日）					
	居住費（滞在費）（※1）				食費	
	ユニット型個室	ユニット型個室的多床室	従来型個室	多床室	短期入所生活介護以外の特定介護サービス	短期入所生活介護
第1段階	880	550	550 (380)	0	300	300
第2段階	880	550	550 (480)	430	390	600
第3段階①	1,370	1,370	1,370 (880)	430	650	1,000
第3段階②	1,370	1,370	1,370 (880)	430	1,360	1,300
基準費用額	2,066	1,728	1,728 (1,231)	437 (915)	1,445	

※1 （ ）内の金額は、特別養護老人ホームに入所または短期入所生活介護を利用した場合の額。

出所：出雲市HP「介護保険負担限度額の認定について」を一部改変して作成

所得等の段階

	所得の状況（※1）	預貯金等の資産の状況（※2）
第1段階	・世帯全員が住民税非課税の人で、老齢福祉年金受給者の人 ・生活保護を受給されている人	単身：1,000万円以下 夫婦：2,000万円以下
第２段階	・世帯全員が住民税非課税で、本人の合計所得金額と課税年金収入額と非課税年金収入額の合計が年額80万円以下の人	単身：650万円以下 夫婦：1,650万円以下
第３段階①	・世帯全員が住民税非課税で、本人の合計所得金額と課税年金収入額と非課税年金収入額の合計が年額80万円を超え120万円以下の人	単身：550万円以下 夫婦：1,550万円以下
第３段階②	・世帯全員が住民税非課税で、本人の合計所得金額と課税年金収入額と非課税年金収入額の合計が年額120万円を超える人	単身：500万円以下 夫婦：1,500万円以下
基準費用額	上記以外の人（※３）	

※1　住民票上世帯が異なる（世帯分離している）配偶者（婚姻届を提出していない事実婚も含む。DV防止法における配偶者からの暴力を受けた場合や行方不明の場合等は対象外。）の所得も判断材料とする。
※2　2号被保険者（65歳未満）の資格要件については、段階に関わらず単身1,000万円、夫婦2,000万円以下。
※3　施設における平均的な費用を勘案して国が定めた基準費用額であり、具体的な負担額は施設の基準による。

出雲市HP「介護保険負担限度額の認定について」を一部改変して作成

介護サービスと利用者負担の計算例

利用者の自己負担のイメージ

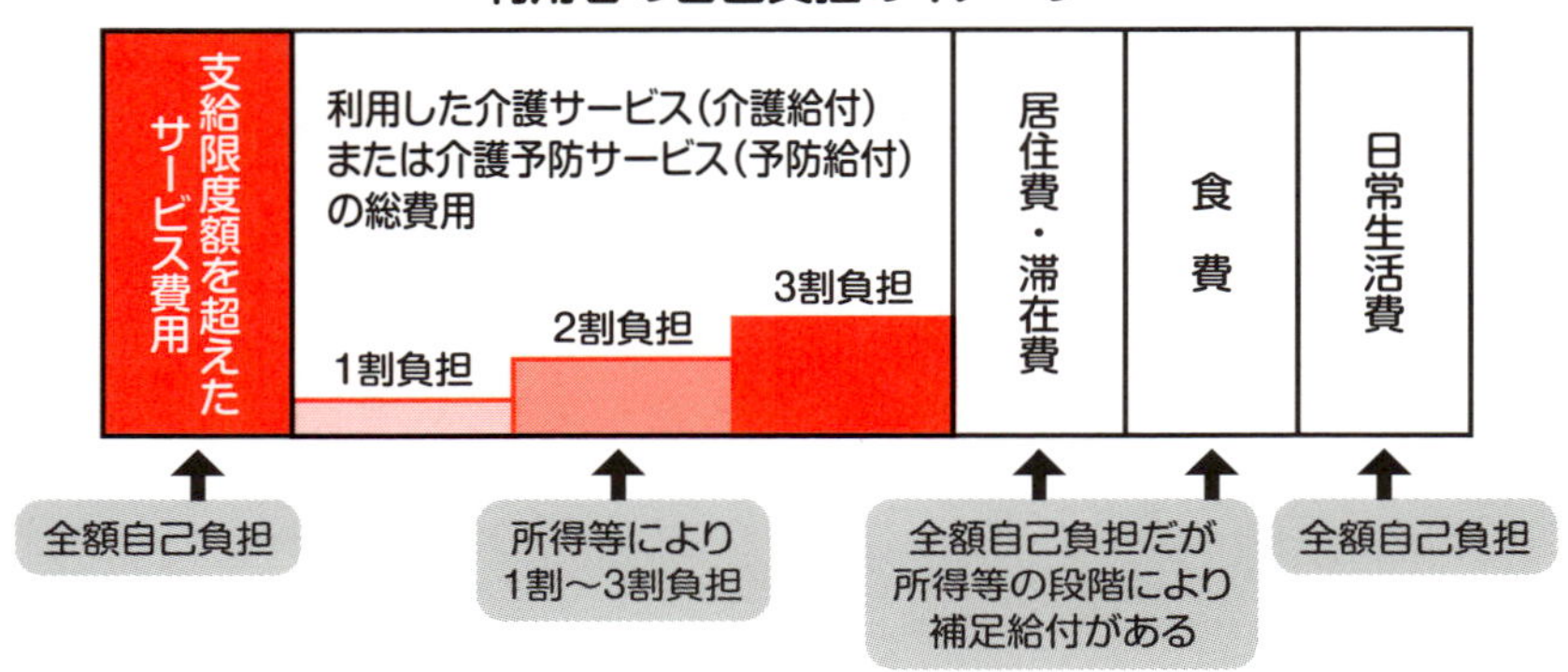

●東京23区内で要介護1の人が短期入所生活介護を7日間利用した例

①介護サービス費（短期入所生活介護〔単独型・従来型個室〕） 1日638単位
②滞在費（従来型個室・特養等） 1日480円 ← 利用者負担第2段階
③食費 1日600円 ← 利用者負担第2段階
④日常生活費その他実費（おやつ代、レクの手芸材料など） 計2,000円

〔計算例〕

①介護サービスの利用者負担

1日の単位数		利用日数		所在地（1級地）の地域区分単価		サービスの総費用
645単位	×	7日	×	11.10	=	50,116円

50,116円の1割負担 ＝ 5,012円 ← 利用者負担

②滞在費 480円 × 7日 ＝ 3,360円 ← 自己負担
③食費 600円 × 7日 ＝ 4,200円 ← 自己負担
④日常生活費その他実費 ＝ 2,000円 ← 自己負担

①②③④の合計 ＝ 14,572円 ← 自己負担合計

※利用者負担は1割負担、滞在費と食費の負担は第2段階として計算
※各種の加算はないものとして計算

※単位数は2024年4月から適用

高額介護サービス費

１カ月の介護（介護予防）サービスの利用者負担の合計が一定の限度額を超えた場合に、市区町村の窓口に申請すると、限度額を超えた分が「**高額介護（介護予防）サービス費**」として払い戻されます。

ここでいう利用者負担とは、介護（介護予防）サービス費の１割（一定以上の所得がある場合は２割・３割）の利用者負担を指し、福祉用具購入、住宅改修、居住費（滞在費）、食費などは含まれません。

高額医療・高額介護合算療養費制度

医療費と介護サービス費の自己負担が高額となった場合に、これを軽減する制度です。

１年間（毎年８月１日〜翌年７月末日）の同一世帯の医療保険と介護保険の利用者負担（入院・入所等の食費、居住費等は含まない）の合算額が限度額を超えた場合に、市区町村の窓口に申請すると、限度額を超えた分（５００円以下は対象外）が「**高額介護（介護予防）サービス費**」として払い戻されます。

高額介護サービス費の利用者負担上限額（月額）

利用者負担段階区分	利用者負担上限額（月額）
現役並み所得者（注意）	
年収約1,160万円以上	140,100円（世帯）
年収約770万円以上約1,160万円未満	93,000円（世帯）
年収約383万円以上約770万円未満	44,400円（世帯）
一般世帯（世帯のどなたかが区民税を課税されている方）	44,400円（世帯）
住民税非課税世帯	24,600円（世帯）
住民税非課税世帯のうち老齢福祉年金を受給している方	15,000円（個人） 24,600円（世帯）
住民税非課税世帯のうち前年の合計所得金額と課税年金収入額の合計が年間80万円以下の方等	15,000円（個人） 24,600円（世帯）
・生活保護を受給している方 ・利用者負担を15,000円に減額することで生活保護の受給者とならない場合	15,000円（個人） 15,000円（世帯）

（注意）表中の「世帯」とは、住民基本台帳上の世帯員で、介護サービスを利用した方全員の負担の合計の上限額を指し、「個人」とは、介護サービスを利用したご本人の負担の上限額を指します。

出所：千代田区HP

高額医療・高額介護合算制度の負担限度額（年額の世帯負担限度額）

70歳未満の方の場合

	所得区分	世帯所得要件（注記１）	国民健康保険制度＋介護保険制度 世帯単位の限度額（年額）
ア	上位所得者	課税所得 901万円を超える方	212万円
イ		課税所得 600万円超～901万円以下	141万円
ウ	一般	課税所得 210万円超～600万円以下	67万円
エ		課税所得 210万円以下	60万円
オ	住民税非課税世帯		34万円

注記１：所得区分・世帯の所得要件は、基礎控除後の所得の世帯合計額で判定します。高額療養費の所得区分と同じです。

70歳以上の方の場合（後期高齢者医療制度該当者は除く）

負担割合	所得区分	国民健康保険制度＋介護保険制度 世帯単位の限度額（年額）
３割	現役並み３ （課税所得690万円以上）（注記１）	212万円
	現役並み２ （課税所得380万円以上）（注記１）	141万円
	現役並み１ （課税所得145万円以上）（注記１）	67万円
２割	一般	56万円
	低所得２（注記２）	31万円
	低所得１（注記３）	19万円

注記１：同一世帯に一定の所得以上の人（課税所得が145万円以上の人）がいる場合。ただし、収入の合計が２人以上の世帯の場合は520万円未満、１人の場合は383万円未満である旨の申請をして認定された場合には、「一般」の区分と同様になります。
注記２：同一世帯の世帯主と全ての国保加入者が住民税非課税の人。
注記３：住民税非課税の世帯で、世帯員の所得が一定基準に満たない人。

※同じ世帯で医療と介護の両方に自己負担のある世帯が対象となります。ただし、同じ世帯でも国保、後期高齢者医療制度、職場の健康保険など、加入している医療保険が異なる場合は、それぞれの保険ごとに介護保険と合算します。
※上表（限度額一覧表）の限度額を超えたときは、超えた額が医療保険と介護保険からそれぞれの比率に合わせて支給されます。ただし、限度額を超えた額が500円以下の場合は支給されません。

出所：町田市HPより抜粋

第3章

主な在宅サービスの特徴と使い方

01

訪問介護（ホームヘルプサービス）

最も多く利用されている居宅サービスの要

どんなサービスか

利用者の自宅を訪問するホームヘルパー（訪問介護員）により、入浴介助、着替えの介助、排せつ介助、身体の清拭、食事介助、体位変換等の「**身体介護**」や、掃除、洗濯、調理、買い物等の「生活援助」を受けるサービスです。**要介護1～5**の人が利用できます。身体介護と生活援助をあわせて利用することもできます。

また、「**通院等乗降介助**」は、要介護者の通院時の車への乗降介助と運転がホームヘルパー1人で行われるサービスで、運賃は別途自己負担となります。

在宅介護を支える主力サービスの1つ

1人暮らしの軽度者（要介護1・2）が生活援助を利用する場合には、できないことをホームヘルパーに援助してもらい、本人ができることは積極的に行うことで、「**重度化防止**」に効果があります。中重度（要介護3～5）の利用者は、日常的に排せつの介助や食事の介助が必要な場合に、1日に短時間のサービスを複数回利用することもできます。

医療的なケアが必要な場合には、訪問看護や訪問医療と並行して利用する例もあります。

なお、**要支援1・2**の人は「日常生活支援総合事業」の「訪問型サービス」を利用できます。

サービス費用と利用者負担

例えば、20分未満の身体介護を利用した場合、163単位×10円で、介護給付費は1630円です。しかし、東京や横浜などは物価水準などの理由で、

地域単価が11・40円、11・12円になります。すると介護サービスの価格である介護給付費は、東京23区で1958円、横浜市で1812円となります（2024年4月からの単位数です）。

　利用者は、利用者負担としてこの1割（または2割・3割）を支払います。早朝（6時～8時）や夜間（18時～22時）の場合は、所定単位数の25％が加算されるなど、各種の**加算**や**減算**もあります。

　その他の市町村も同様に、地域の区分によって単価が設定されています。

中重度者向けの訪問介護もある

　訪問介護には、他にも**「夜間対応型訪問介護」**や**「定期巡回随時対応型訪問介護看護」**があります。

　こちらは中重度の利用者の身体介護を中心に、夜間のサービス対応や1日数回の定期的な訪問、急な訪問要請にも応えられる体制となっています。

　ただし、サービス提供事業者が少なく、どこにでもあるわけでありません。担当のケアマネジャーと相談し、利用目的に合わせて検討しましょう。

訪問介護費と地域単価の例

内容	利用時間など	単位数	1～7級地以外 ×10円 （地域単価）	東京23区 ×11.40円 （地域単価）	横浜市 ×11.12円 （地域単価）
身体介護中心型	20分未満	163	1,630円	1,858円	1,812円
	20分以上30分未満	244	2,440円	2,781円	2,713円
	30分以上60分未満	387	3,870円	4,411円	4,303円
	60分以上90分未満	567	5,670円	6,463円	6,305円
生活援助中心型	20分以上45分未満	179	1,790円	2,040円	1,990円
	45分以上	220	2,200円	2,508円	2,446円
通院等乗降介助	1回につき	97	970円	1,105円	1,078円

※基本単価のほか、各種の加算・減算がある。

02 在宅介護支援と共に閉じこもりや孤立感を解消する
通所介護（デイサービス）（地域密着型）

通所介護と地域密着型通所介護がある

通所介護には、規模の大小があります。利用定員が19人以上は「**通所介護**」、18人以下は「**地域密着型通所介護**」となります。

また、通所介護は1か月当たりの延べ利用者数によって通常規模型（月平均延べ利用者数300〜750人）、大規模型Ⅰ・Ⅱの3つに分かれ、費用が異なります。

地域密着型通所介護の方は小規模な施設で、戸建ての民家をデイサービスに転用している事業者もあります。また、地域密着型の中には、末期のがん患者など医療的ケアが必要な利用者に対応する「**療養通所介護**」（1万2785単位／月）もあります。

なお、短時間のサービス提供の場合には、昼食の

通所介護は「デイサービス」とも呼ばれます。最近、朝晩に送迎車両が近隣の住宅街を走るのを見かける方も多いのではないでしょうか。

通所介護のサービス内容

通所介護のサービス内容は、利用者がデイサービスセンターなどに通い、入浴や食事などの介護や健康チェック、機能訓練、その他日常生活上の世話を受けたり、レクリエーションなどを行ったりするもので、**要介護1〜5**の人が利用できます。利用者本人のためだけでなく、家族による在宅介護の負担軽減にも役立ちます。

要支援1・2の人は、市区町村の実施する「日常生活支援総合事業」の「通所型サービス」を利用できます。介護予防通所介護に相当するサービスです。

提供や入浴サービスがないことが多く、生活機能訓練に特化している事業所もあります。ほぼ1日滞在するデイサービスでは、各種レク活動や利用者の希望に沿った趣味活動などを行う事業所もあります。

あくまで本人のために利用する

家族と同居中の要介護高齢者は、家族が仕事で出かけている間、日中独居となる場合があります。そうした家族は、高齢者のデイサービス利用を望むことが多いですが、利用はあくまでも本人の希望であることが前提です。

また、担当ケアマネジャーからデイサービスの利用を勧められる場合には、その理由を十分に説明してもらう必要があります。

利用にあたっては、ケアマネジャーに複数の通所介護事業者の紹介を求めることができますので、本人が気に入ったサービスを提供するデイサービス事業者を選びましょう。

なお、滞在費と食費、日常生活費等は自己負担となります（56ページ）。

通所介護費と地域密着型通所介護費

	要介護度	3時間以上4時間未満	4時間以上5時間未満	5時間以上6時間未満	6時間以上7時間未満	7時間以上8時間未満	8時間以上9時間未満
通所介護費（通常規模型）	要介護1	3,700円	3,880円	5,700円	5,840円	6,580円	6,690円
	要介護2	4,230円	4,440円	6,730円	6,890円	7,770円	7,910円
	要介護3	4,790円	5,020円	7,770円	7,980円	9,000円	9,150円
	要介護4	5,330円	5,600円	8,800円	9,010円	10,230円	10,410円
	要介護5	5,880円	6,170円	9,840円	10,080円	11,480円	11,680円

	要介護度	3時間以上4時間未満	4時間以上5時間未満	5時間以上6時間未満	6時間以上7時間未満	7時間以上8時間未満	8時間以上9時間未満
地域密着型通所介護費	要介護1	4,160円	4,360円	6,570円	6,780円	7,530円	7,830円
	要介護2	4,780円	5,010円	7,760円	8,010円	8,900円	9,250円
	要介護3	5,400円	5,660円	8,960円	9,250円	10,320円	10,720円
	要介護4	6,000円	6,290円	10,130円	10,490円	11,720円	12,200円
	要介護5	6,630円	6,950円	11,340円	11,720円	13,120円	13,650円

※1単位=10円の場合。基本単価のほか、各種の加算・減算がある。

03

特養ホームなどに短期滞在して介護を受ける

短期入所生活介護・短期入所療養介護

短期入所は「ショートステイ」とも呼ばれます。数日から数週間に限り、一時的に特養ホームなどに入所するサービスで、2つの種類があります。いずれも、**要介護1～5**の人が利用できます。**要支援1・2**の人は、介護予防短期入所生活介護・介護予防短期入所療養介護を利用できます。

短期入所生活介護

短期入所生活介護は、家庭における在宅介護が一時的に困難になったときなどに、**特別養護老人ホーム**（介護老人福祉施設）に併設されている福祉施設に短期間入所します。食事や着替え、入浴などの日常生活上の介護や相談、機能訓練、レクリエーション等を受けるサービスです。

短期入所療養介護

家庭における在宅介護が一時的に困難になったときなどに、**介護老人保健施設**や医療施設等に短期間入所します。医師や看護師、理学療法士などから、医療的管理の下で、生活機能訓練や生活支援などを受けるサービスです。

●利用のしかた

軽度認知症などの要介護者で、家族が日常生活の世話や介護を必要とし、介護保険サービスも利用している場合に、家族が心身の疲労のため数日間休む場合などには**短期入所生活介護**が利用されます。

また、何らかの病気で入院し、退院後に自宅で訪問介護や居宅療養管理指導、訪問看護などを利用しながら療養中の要介護者の家族が、冠婚葬祭などで数日から数週間不在になるような場合には、**短期入所療養介護**が利用されます。

なお、どちらも、利用日数は**連続で30日間まで**となります。

●サービス費用と利用者負担

サービス費用は、居室が２名以上の多床室か個室かなど施設・居室のタイプで差があります。

例えば、要介護３の利用者が、単独型施設のユニット型個室で３日間、短期入所生活介護を利用した場合、総費用は（介護費８９１０円＋滞在費２０６６円＋食費１４４５円）×３日＝３万７２６３円になりますが、自己負担の合計は下の図のようになります。

利用者負担は原則１割（所得により２割・３割）で、食費と滞在費は自己負担となりますが、低所得者には補足給付があります（56ページ）。この他にオムツ代や日常生活費などが別途かかり、自己負担となります。

（介護予防）短期入所生活介護費（日額）

種別	単独型	併設型	単独型ユニット型	併設型ユニット型
要介護度	従来型個室・多床室	従来型個室・多床室	ユニット型個室・ユニット型個室的多床室	ユニット型個室・ユニット型個室的多床室
要支援1	4,790円	4,510円	5,610円	5,290円
要支援2	5,960円	5,610円	6,810円	6,560円
要介護1	6,450円	6,030円	7,460円	7,040円
要介護2	7,150円	6,720円	8,150円	7,720円
要介護3	7,870円	7,450円	8,910円	8,470円
要介護4	8,560円	8,150円	9,590円	9,180円
要介護5	9,260円	8,840円	10,280円	9,870円

※１単位=10円の場合。基本単価のほか、各種の加算・減算がある。

自己負担分の概算例

（介護費利用者負担891円＋部屋代2,066円＋食費1,445円）×３日＝13,206円

※利用者負担は1割負担、部屋代、食費は基準費用額で計算

04

介護・援助を受けながら家庭的雰囲気の共同生活を送る

認知症対応型共同生活介護（認知症グループホーム）

一般的に「グループホーム」、「認知症グループホーム」などと呼ばれている入居系の施設です。**要介護1～5**の人が利用できます。**要支援2**の人は、「介護予防認知症対応型共同生活介護」を利用できます。

どんなサービスか

認知症の要介護者が家庭的な雰囲気の中で、5人～9人で共同生活を送り、日常生活上の援助や介護を受ける**居住系サービス**です。入居者の個室、入居者が集うリビングルーム（居間）、食堂、浴室、トイレなどを備え、入居者がそれぞれの役割を持って家事を分担するなどして、認知症の症状進行を緩和し、安心して日常生活が送れるようにするサービスです。

9名の入居者で1ユニットを構成しています。1つの建物に1ユニット、または2ユニット18名、**3ユニット27名**が入居する3つの種類があります。

ユニット数により**利用者負担額**が異なります。

●利用のしかた

1人暮らしの要介護者が認知症により火の始末や日常生活に不安がある場合など、症状の進行状態によっては入居を検討した方がよいでしょう。

また、認知症の症状が進み、介護する家族が疲弊する状態が続く可能性がある場合などは、早めに最寄りの地域包括支援センターやケアマネジャーなどに相談し、入居を検討しましょう。

グループホームには、認知症の人の最期を看取る体制の有無や、退居を求められる条件などがありますので、事前に十分な情報を収集し検討する必要があります。

グループホームは民間の賃貸住宅

なお、認知症グループホームは**賃貸住宅**に該当します。居住費（家賃）と食費は施設によって異なり、**全額自己負担**となります（補足給付の対象外です）。

例えば、秋田県秋田市内に在住の要介護３の認知症要介護者が、地元のグループホーム（認知症対応型共同生活介護）に入居すると、１か月あたりの費用は概ね次のようになりますが、東京、横浜などの都市部では、居住費が秋田市の２倍近くになりますので、事前に十分な情報を収集し検討しましょう。

１か月あたりの概算例（秋田市）

①介護保険の利用者負担額（要介護３）
8,240円×30日＝247,200円
1割負担　24,720円
②居住費（家賃）　45,000円
③食費
1,400円×30日＝　約42,000円
④日常生活費　20,000円
計　131,720円

※利用者負担１割、加算はないものとして計算

（介護予防）認知症対応型共同生活介護費（日額）

種別	認知症対応型共同生活介護費		短期利用認知症対応型共同生活介護費	
要介護度	１ユニット	２ユニット以上	１ユニット	２ユニット以上
要支援２	7,610円	7,490円	7,890円	7,770円
要介護１	7,650円	7,530円	7,930円	7,810円
要介護２	8,010円	7,880円	8,290円	8,170円
要介護３	8,240円	8,120円	8,540円	8,410円
要介護４	8,410円	8,280円	8,700円	8,580円
要介護５	8,590円	8,450円	8,870円	8,740円

※１単位=10円の場合。基本単価のほか、各種の加算・減算がある。

05

中重度者向けの24時間対応サービス

定期巡回・随時対応型訪問介護看護

「訪問介護」に比べ、定期巡回・随時対応型訪問介護看護は、より重度の要介護者を対象としている点が大きな違いです。

どんなサービスか

日中・夜間を通じて、訪問介護と訪問看護が一体的にまたは密接に連携しながら、定期巡回と随時の対応を行うサービスです。**定期巡回**は、予め決められた時間に1日数回訪問し、**随時対応**は、事業所に電話するとオペレーターが対応し、巡回中もしくは待機中の訪問介護員を急行させるサービスです。**要介護1～5**の人が利用できます。

1つの事業所で訪問介護と訪問看護を一体的に提供する「**一体型**」と、訪問介護を行う事業者が地域の訪問看護事業所と連携して、サービスを提供する「**連携型**」があります。

元々、1人暮らしの要介護高齢者や高齢者のみの世帯で介護力に限界がある人の利用を見込んで、24時間365日対応の訪問介護として始まりました。

その後、中重度の要介護者は、医療的管理を必要とする場合が多く、訪問介護と訪問看護を一体的に提供できるサービスとして、訪問看護が定期巡回・随時対応型訪問介護に加わりました。

夜間対応などが充実

病院などに入院し一定の治療が終わり、退院して自宅に戻れる状態でも、在宅医療による医師の管理下にある要介護者は、在宅生活を続けるために訪問介護や訪問看護を利用する場合があります。

従来のサービスでは、夜間や深夜の対応が難しかったり、平日だけしか利用できないなどの使いづらさがあるため、この定期巡回・随時対応型訪問介護看護は理にかなっているサービスと言えます。

利用は1月単位の定額制

このサービスは要介護度によってはデメリットもあります。問題点は大きく２つあります。

１つは、他のサービスと違って、費用が「包括払い」という月単位の支払いになります。他のサービスが、「１回当たり」とか「１日につき」あるいは時間単位で利用料が決まるのに対し、こちらは１月単位の定額制になります。

定期的に訪問する回数や要望に応じた随時訪問の回数が多くなると採算性が悪くなるため、**事業者側が意図的にサービス量を調整する可能性**があり、結果的に必要な時にサービスが受けられない事態が発生している事例もあります。

もちろん、人手不足で対応できないとか、同時間帯にサービス提供が重なり、対応できないということもあると思います。

定期巡回・随時対応型訪問介護看護のイメージ

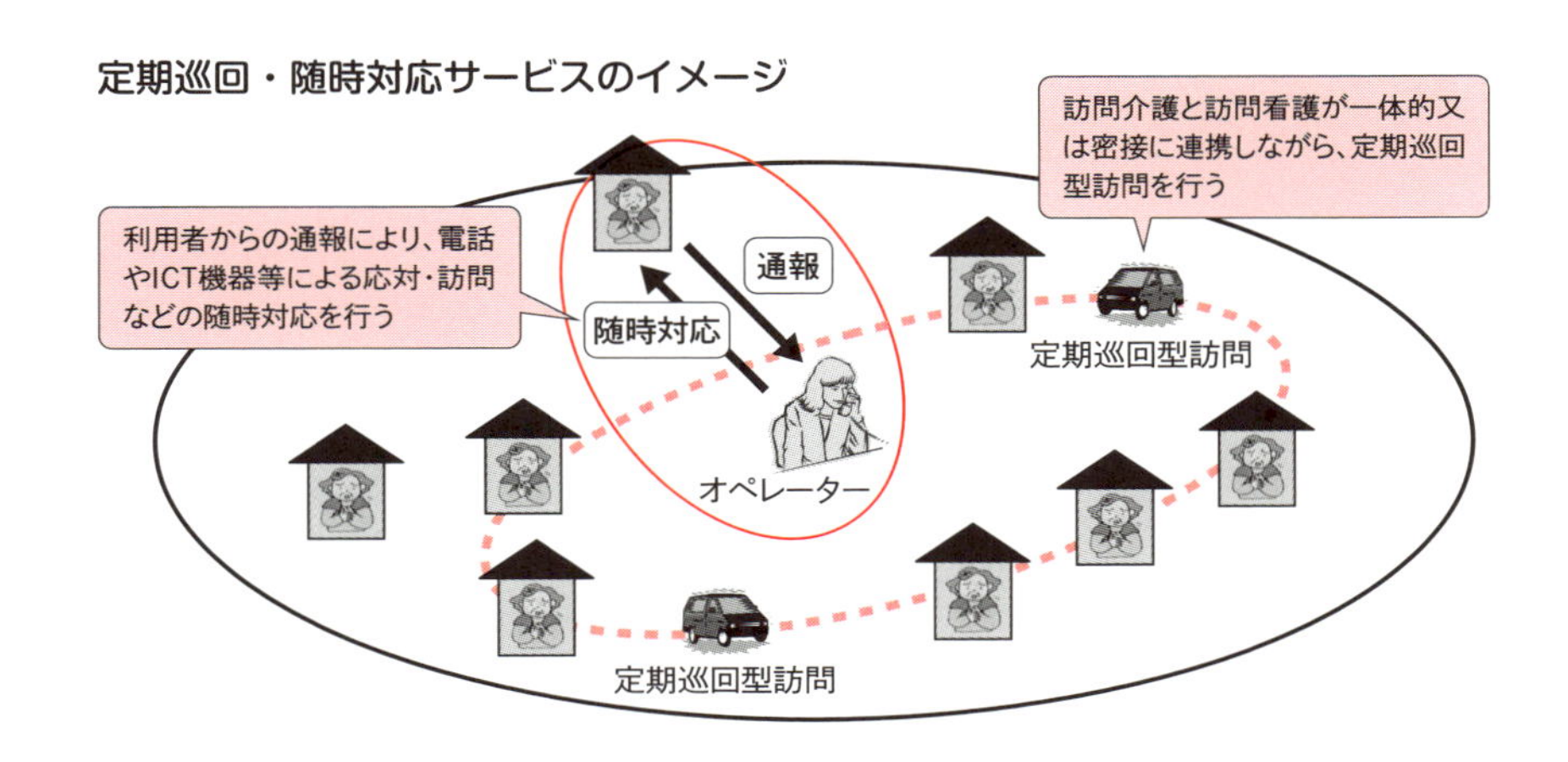

出所：厚生労働省資料より抜粋

2つ目の問題点は、サービス費用が介護保険の利用限度額の7割を超えてしまい、他のサービスが利用し難くなることです。

例えば、要介護4の人の利用限度額が約31万円(3万0938単位)に対して、一体型の事業所が提供する『訪問看護を行う場合』の金額は約23万円(2万3358単位)で、限度額単位の約80%に相当します。そうなると、定期巡回・随時対応型訪問介護看護以外の利用したいサービスがかなり限られてしまいます。

定期巡回・随時対応型訪問介護看護費(月額)

要介護度	一体型(訪問看護師あり)		連携型
	訪問介護のみ	訪問介護・訪問看護	
要介護1	54,460円	79,460円	54,460円
要介護2	97,200円	124,130円	97,200円
要介護3	161,400円	189,480円	161,400円
要介護4	204,170円	233,580円	204,170円
要介護5	246,920円	282,980円	246,920円

※1単位=10円の場合。基本単価のほか、各種の加算・減算がある。

06 小規模多機能型居宅介護・看護小規模多機能型居宅介護・夜間対応型訪問介護

小規模施設で夜間も対応する定額制サービス

小規模多機能型居宅介護

平成18年4月から介護保険に「地域密着型サービス」が加わりましたが、その中で最も注目されたのが「小規模多機能型居宅介護」です。**要介護1～5**の人が利用できるほか、**要支援1・2**の人は介護予防の同サービスが利用できます。

利用者の住み慣れた地域で、事業所への「**通い**」（デイサービス）を中心に、なじみのあるスタッフが利用者宅を「**訪問**」したり、事業所へ「**宿泊**」したりなど、3つの機能を兼ね備えたサービスです。

しかし、ケアマネジャーにはなかなか理解されず、予想に反して利用者数も増えませんでした。その理由は、小規模多機能型居宅介護を利用するには、それまで担当してくれたケアマネジャーが、小規模多機能型居宅介護施設専任のケアマネジャーに代わること、費用も包括払いという定額料金になること、があげられます。

サービス自体は、軽度認知症の要介護者に最適なサービスです。在宅生活を続けながら、少人数（**一定の場合利用定員18人以下**）のデイサービスを利用し、時々「泊まり」や「訪問」のサービスが受けられる在宅と施設の中間的な位置づけの施設です。

看護小規模多機能型居宅介護

小規模多機能型居宅介護に訪問看護が加わった、医療的ケアが必要な中重度の要介護者に適したサービスです。**要介護1～5**の人が利用できます。今後はこのサービスがますます必要になるのではないかと思われます。

看護小規模多機能型居宅介護のイメージ

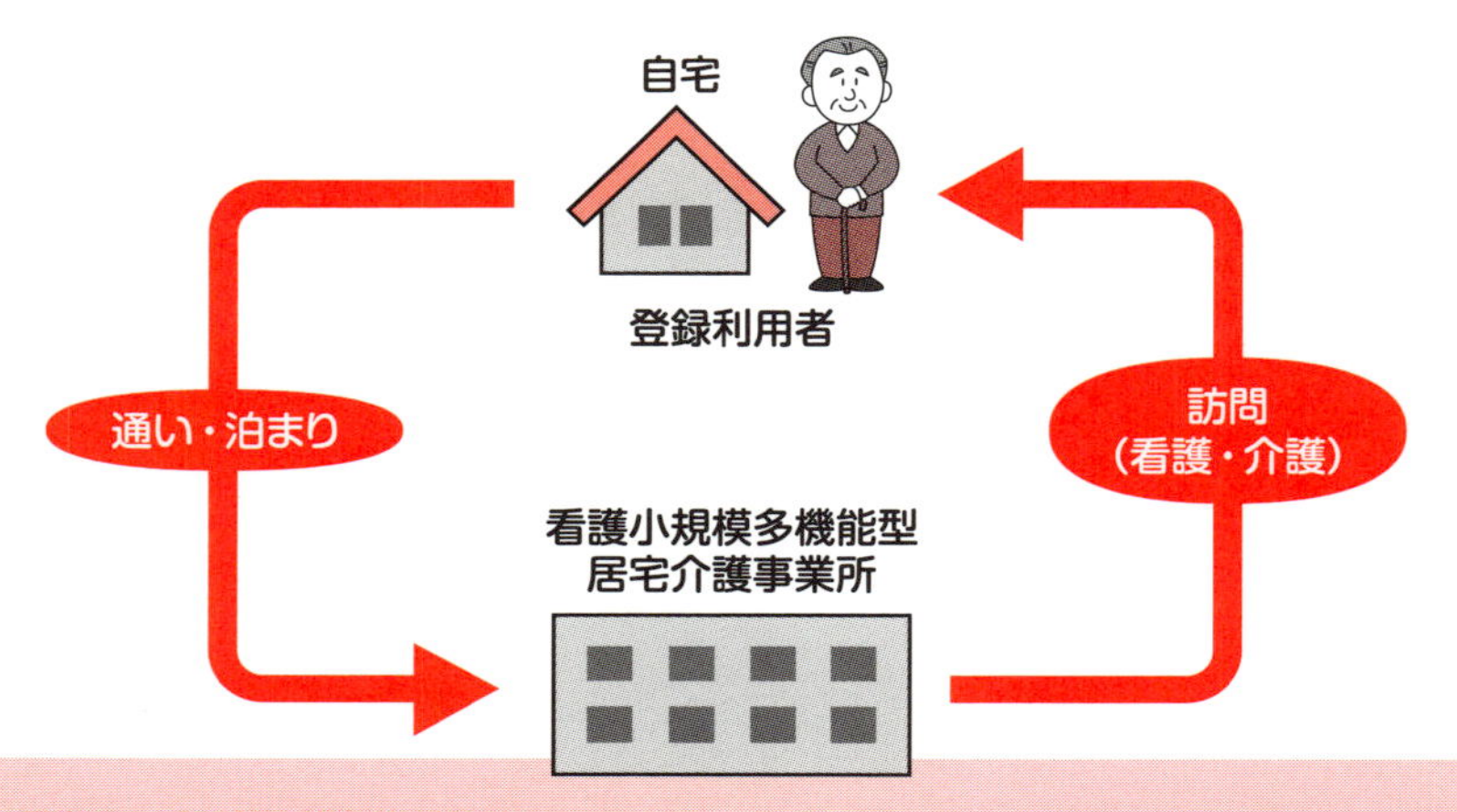

医療ニーズの高い利用者の状況に応じたサービスの組み合わせにより、地域における多様な療養支援を行う

登録定員：29名以下（通い定員18人以下・宿泊定員9人以下）
主な人員：常勤換算2.5以上の看護職員（うち常勤保健師または看護師1以上）、専従の介護支援専門員、その他職員

夜間対応型訪問介護

定期巡回・随時対応型訪問介護看護ができる前は、従来の訪問介護を補完する夜間対応のサービスの位置付けでしたが、サービスを提供する事業所は減少しました。現在も制度上はあるものの、定期巡回・随時対応型訪問介護看護が取って代わる様相になっています。

このサービスは、**要介護1～5**の人が利用できます。生活できるよう、夜間帯にホームヘルパーが自宅を訪問します。

定期巡回は、夜間帯（18時～8時）の定期的な訪問により、排せつの介助や体位変換、安否確認などを行います。

随時訪問は、ベッドから転落して自力で起き上がれない時や夜間に急に体調が悪くなった時などに、オペレーションセンターに連絡してホームヘルパーを呼んで介助を受けたり、救急車の手配などのサービスを受けることができます。

（介護予防）小規模多機能型居宅介護費

要介護度	小規模多機能型居宅介護費（月額）		短期利用居宅介護費（日額）
	同一建物居住者以外	同一建物居住者	
要支援１	34,500円	31,090円	4,240円
要支援２	69,720円	62,810円	5,310円
要介護１	104,580円	94,230円	5,720円
要介護２	153,700円	138,490円	6,400円
要介護３	223,590円	201,440円	7,090円
要介護４	246,770円	222,330円	7,770円
要介護５	272,090円	245,160円	8,430円

※１単位=10円の場合。基本単価のほか、各種の加算・減算がある。

看護小規模多機能型居宅介護費

要介護度	看護小規模多機能型居宅介護費（月額）		短期利用居宅介護費（日額）
	同一建物居住者以外	同一建物居住者	
要介護１	124,470円	112,140円	5,710円
要介護２	174,150円	156,910円	6,380円
要介護３	244,810円	220,570円	7,060円
要介護４	277,660円	250,170円	7,730円
要介護５	314,080円	282,980円	8,390円

※１単位=10円の場合。基本単価のほか、各種の加算・減算がある。

夜間対応型訪問介護費

サービス内容	オペレーションセンター設置	オペレーションセンターなし
基本夜間対応型訪問介護費	9,890円（月額）	27,020円（月額）
定期巡回サービス費	3,720円（1回）	
随時訪問サービス費	5,670円（1回）	
随時訪問サービス費（２名）	7,640円（1回）	

※１単位=10円の場合。基本単価のほか、24時間通報対応は6,100円／月の加算など、各種の加算・減算がある。

07

福祉用具貸与・特定福祉用具販売・住宅改修

安全な在宅生活を支援するサービス

●福祉用具貸与と特定福祉用具販売の選択制の導入

一部の福祉用具（(固定用スロープ、歩行器（歩行車を除く）、歩行補助つえ（松葉づえを除く）に ついて、福祉用具貸与と特定福祉用具販売の**選択制**が令和6年4月から導入されました。

利用者等の選択には、福祉用具専門相談員または ケアマネジャーが、①貸与と販売の選択制の説明、 ②選択にあたり必要な情報の提供、③医師や専門職の意見等を踏まえた提案、を行うことになります。

●福祉用具貸与（福祉用具レンタル）

福祉用具貸与は、日常生活の自立を助けるため、上の福祉用具（13種類）を借りられるサービスです。福祉用具専門相談員は、事前に担当のケアマネジャーと福祉用具貸与事業者に相談し、レンタルを希望する福祉用具を決定します。利用開始後少なくとも6カ月以内に一度モニタリングを行い、貸与継続の必要性について検討します。**要介護1～5**の人が利用できるほか、**要支援1・2**の人は介護予防の同サービスが利用できます（要支援1・2および要介護1の人は、原則赤い下線の品目のみ、⑬は原則要介護4以上の人のみ）。

利用者負担は、レンタル金額の1割（所得により2割・3割）となります。

①車いす
②車いす付属品
③特殊寝台（介護用ベッド）
④特殊寝台付属品
⑤床ずれ防止用具
⑥体位変換器
⑦手すり
⑧スロープ
⑨歩行器
⑩歩行補助つえ
⑪認知症老人徘徊感知機器
⑫移動用リフト（つり具の部分を除く）
⑬自動排せつ処理装置

●特定福祉用具販売

レンタルになじまない排せつや入浴などのための福祉用具を指定事業者から購入した場合に、**1年度につき10万円**までは購入費の1割（所得により2割・3割）の自己負担で購入できるサービスで、**要介護毎の支給限度額とは別枠**で利用できます。**要介護1〜5**の人が利用できるほか、**要支援1・2**の人は介護予防の同サービスが利用できます。

対象は右の福祉用具ですが、10万円を超えた場合、超えた分については全額自己負担となります。

利用者が自費で購入した後、介護保険の担当課に申請します。例えば購入金額が10万円の場合、10万円から1割（所得により2割・3割）を差し引いた9万円が払い戻されます。

①腰掛便座（和式便器の上に置いて腰掛式に変換するもの、洋式便器の上に置いて高さを補うもの、ポータブルトイレなど）
②自動排せつ処理装置の交換可能部分
③排せつ予測支援機器
④入浴補助用具（入浴用いす、浴槽用手すり、浴槽内いす、入浴台など）
⑤簡易浴槽（空気式や折り畳み式で移動が容易で、取水・排水工事を伴わないもの）
⑥移動用リフトのつり具の部分
⑦スロープ
⑧歩行器
⑨歩行補助つえ

●住宅改修

在宅の要介護者が自宅で生活を続けられるよう、一定要件の住宅のバリアフリー化の改修を**1家屋につき生涯20万円**を限度に、実際にかかった費用の1割（所得により2割・3割）で行えるサービスです。

次の住宅改修工事が対象になりますが、**要介護毎の支給限度額とは別枠**で利用できます。**要介護1〜5**の人が利用できるほか、**要支援1・2**の人は介護予防の同サービスが利用できます。

利用者が工事の見積書など必要書類を揃え、介護保険の担当課に申請します。適用決定後、工事費は全額自費で支払い、後から自己負担分を除く払い戻しを受けます。

①手すりの取付け
②段差または傾斜の解消
③滑りの防止及び移動の円滑化等のための床、通路面の材料の変更
④引き戸等への扉の取替え
⑤和式便器等から洋式便器等への便器の取替え
⑥その他上記①〜⑤の工事に付帯して必要と認められる工事（手すり取付けのための壁の下地補強、浴室、便所工事に伴う給排水設備の工事、スロープの設置に伴う転落や脱輪防止のための柵や立ち上がり設置など）

08

入浴介護やリハビリテーション・療養管理指導など

その他の訪問系・通所系サービス

以下の5サービスは、**要介護1～5**の人が利用できるほか、**要支援1・2**の人は介護予防の同サービスが利用できます。

訪問入浴介護

看護職員と介護職員など3名一組で、定期的に利用者宅を訪問し、持参した浴槽によって入浴の介護を行うサービスです。

訪問入浴介護専用の車両にボイラーが搭載されており、お湯の用意は必要ないですが、使用したお湯と同量の水を利用者宅が提供する必要があります。中重度の要介護者がデイサービスなどを利用できない、自宅の浴槽では入浴が難しい、家族が高齢で入浴の介助ができない場合などに利用されています。

訪問リハビリテーション

在宅療養している人で通院が困難な場合に、主治医の指示に基づいて、自宅を訪問した理学療法士や作業療法士、言語聴覚士等により、リハビリテーションが受けられるサービスです。

病院や整形外科医院（診療所）などが事業所を運営していますので、入院中にリハビリテーションを受けていた人が、退院後に在宅でも継続して受けることができます。

通所リハビリテーション（デイケア）

心身の機能の維持、向上のために主治医が必要と認める場合、介護老人保健施設、病院、診療所等へ通い、リハビリテーションや入浴、食事等の日常生

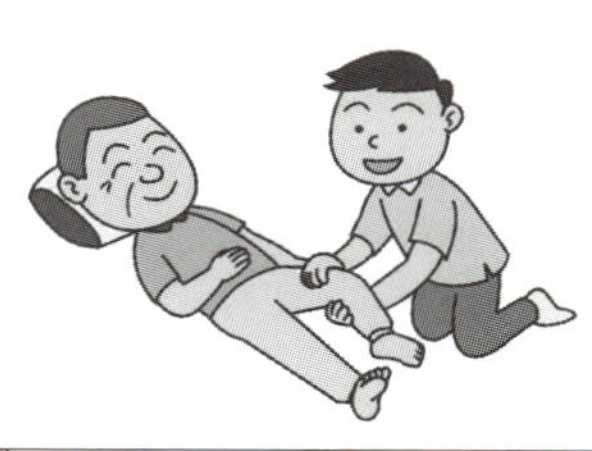

機能回復訓練	呼吸機能訓練、体力向上訓練、関節可動域訓練、筋力向上訓練、認知機能改善訓練、構音機能訓練、聴覚機能訓練、摂食嚥下機能訓練、言語機能訓練など
基本的動作訓練	姿勢の保持訓練、起居・移乗動作訓練、歩行・移動訓練、階段昇降練習、公共交通機関利用訓練など
応用的動作訓練	一連の入浴行為練習、一連の排泄行為練習、一連の更衣行為練習、一連の食事行為練習、一連の掃除・整理整頓行為練習など
社会適応練習	対人関係改善練習、余暇活動練習、仕事練習

活上の介護を受けられるサービスです。

通所介護（デイサービス）との大きな違いは、**医師が必要と認める場合に限られている**ことです。

訪問看護

在宅療養している人で、通院は困難な場合に、主治医の指示に基づき、病院・診療所または訪問看護ステーションから定期的に自宅を訪問する看護師による健康チェック、療養上の世話や診療の補助等を受けられるサービスです。理学療法士や作業療法士が訪問する場合もあります。

居宅療養管理指導

在宅療養している人で通院が困難な場合に、自宅を訪問した医師、歯科医師、薬剤師、管理栄養士、歯科衛生士等により、療養上の管理や指導、助言等が受けられるサービスです。このサービスは、要介護度別の支給限度額には含まれません。

医師や歯科医師が訪問することは少なく、療養の状況によって、栄養改善が必要なら管理栄養士、投薬指導が必要なら薬剤師、口腔内の清潔保持などの場合には歯科衛生士が訪問します。

一部の薬局や歯科医院などが事業所を併設して運営しています。意外に知られていないサービスですが、担当のケアマネジャーや主治医と相談して利用を検討します。

（介護予防）訪問入浴介護費

職員配置	要介護1～5	要支援1・2
看護職員1名、介護職員1名の訪問の場合	12,660円（1回）	8,560円（1回）

（介護予防）訪問リハビリテーション費

種別	要介護1～5	要支援1・2
病院・診療所、介護老人保健施設、介護医療院	3,070円（1回）	3,070円（1回）

（介護予防）通所リハビリテーション費

	要介護度	1時間以上2時間未満	2時間以上3時間未満	3時間以上4時間未満	4時間以上5時間未満	5時間以上6時間未満	6時間以上7時間未満	7時間以上8時間未満
通常規模の事業所の場合（病院・診療所、介護老人保健施設、介護医療院）	要介護1	3,660円	3,800円	4,830円	5,490円	6,180円	7,100円	7,570円
	要介護2	3,950円	4,360円	5,610円	6,370円	7,330円	8,440円	8,970円
	要介護3	4,260円	4,940円	6,380円	7,250円	8,460円	9,740円	10,390円
	要介護4	4,550円	5,510円	7,380円	8,380円	9,800円	11,290円	12,060円
	要介護5	4,870円	6,080円	8,360円	9,500円	11,200円	12,810円	13,690円

病院・診療所、介護老人保健施設、介護医療院	要支援1	20,530円（月額）
	要支援2	39,990円（月額）

（介護予防）訪問看護費

〈訪問看護ステーションの場合〉

種別	要介護1～5	要支援1・2
20分未満	3,130円	3,020円
30分未満	4,700円	4,500円
30分以上1時間未満	8,210円	7,920円
1時間以上1時間30分未満	11,250円	10,870円
理学療法士、作業療法士、言語聴覚士の場合	2,930円	2,830円

〈病院・診療所の場合〉

種別	要介護1～5	要支援1・2
20分未満	2,650円	2,550円
30分未満	3,980円	3,810円
30分以上1時間未満	5,730円	5,520円
1時間以上1時間30分未満	8,420円	8,120円

（介護予防）居宅療養管理指導費

種別	①単一建物居住者1人に対応	②単一建物居住者2人以上～9人以下に対応	①②以外の場合	利用限度
医師Ⅰ	5,140円	4,860円	4,450円	月2回
医師Ⅱ*	2,980円	2,860円	2,590円	月2回
歯科医師	5,160円	4,860円	4,400円	月2回
薬剤師（病院・診療所）	5,650円	4,160円	3,790円	月2回
薬剤師（薬局）	5,170円	3,780円	3,410円	月4回
管理栄養士Ⅰ	5,440円	4,860円	4,430円	月2回
管理栄養士Ⅱ	5,240円	4,660円	4,230円	月2回
歯科衛生士	3,610円	3,250円	2,940円	月4回

*在宅時医学総合管理料または特定施設入居時等医学総合管理料を算定する場合
※管理栄養士Ⅰは当該事業所の管理栄養士が、Ⅱは当該事業所以外の管理栄養士がそれぞれ行った場合に算定。
※要介護度にかかわらず全て共通

※上記のサービス群は、いずれも1単位=10円の場合。基本単価のほか、各種の加算・減算がある。

第4章

主な施設サービスの特徴と使い方

01 （地域密着型）介護老人福祉施設

一般になじみがある呼び名は、「特別養護老人ホーム」で、特養ホームと言ったりします。この呼び方は老人福祉法による名称ですが、介護保険制度上は「介護老人福祉施設」と言います。以下、わかりやすいように「特養ホーム」と記述します。

原則要介護3～5の人が入所できます。

どんな施設か

特養ホームは、入浴、排せつ、食事の介助など、日常生活上の世話、生活機能訓練、健康管理及び療養上の世話を行う施設です。

定員が29人以下の小型の施設は、地域密着型サービスの**地域密着型介護老人福祉施設**になります。

特養ホームには、居室の形態によって4つの種類があります。その前に**ユニット型施設と従来型施設**の違いを覚えておきましょう。

ユニット型施設とは、比較的新しい施設で、建物が大きく入所者のプライバシー保護のため、基本的に居室はすべて個室です。10室程度の居室を1単位として**ユニット**と呼び、リビング（居間）があります。

これに対し、**従来型**と言われる特養ホームは、2人以上の入所者がいる多床室中心の構造になっています。どちらかと言えば古いタイプの施設で、病院の大部屋に近いイメージです。正確な数字ではありませんが、ユニット型施設の比率は特養ホーム全体の4割強ではないかと思います。

居室の形態は次ページのとおりです。

入所は原則要介護3以上だが特例もある

2015年4月より、特別養護老人ホームへの入

介護老人福祉施設（特養ホーム）の主な居室タイプ

ユニット型個室

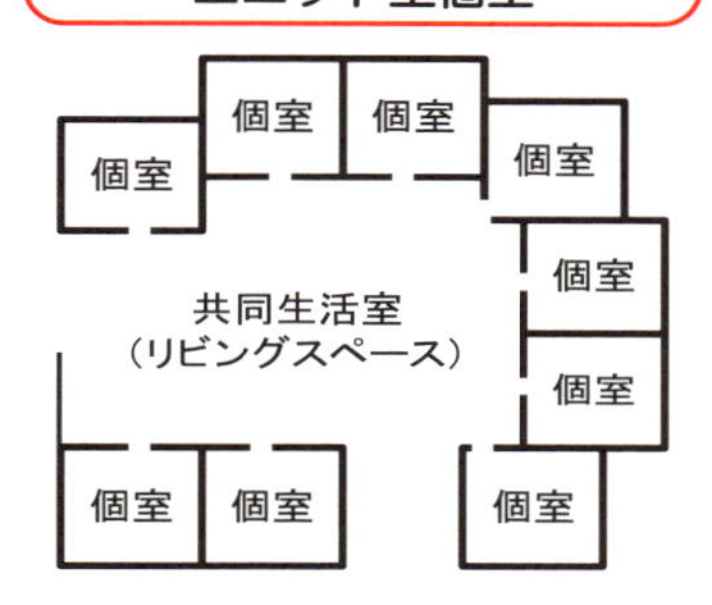

ユニット型個室的多床室

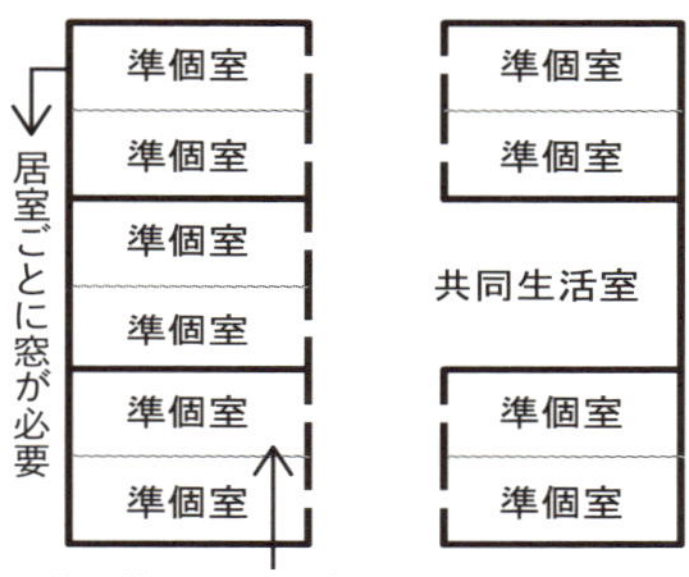

従来型個室

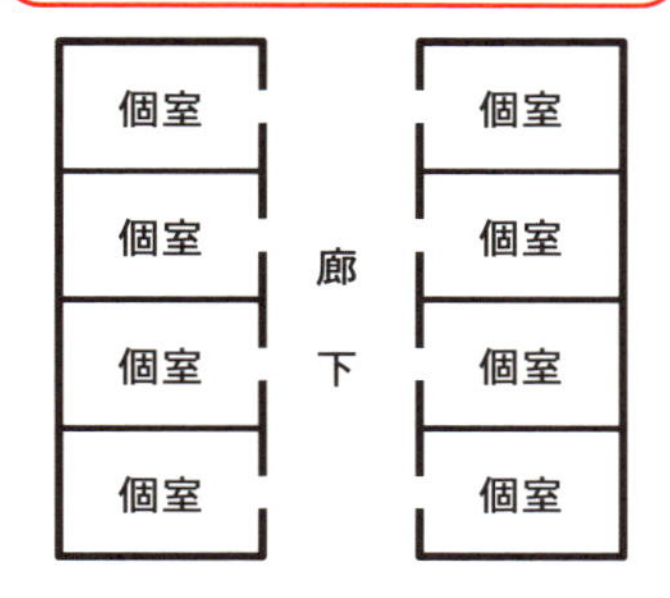

多床室

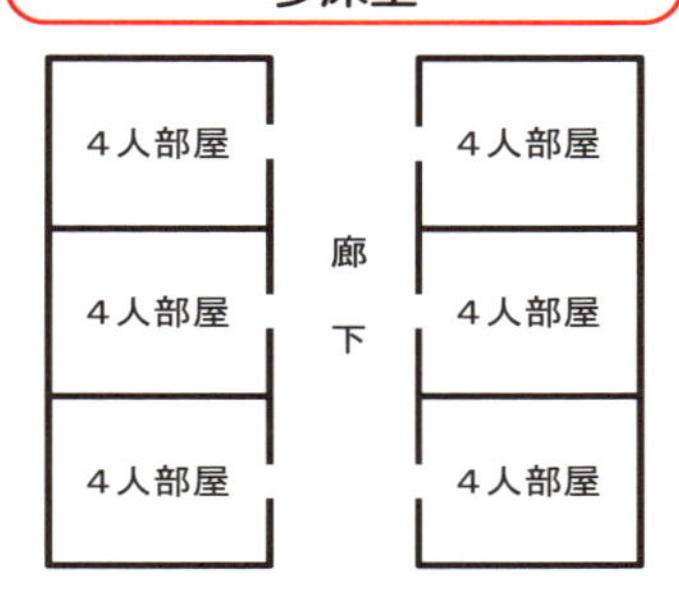

居室のタイプ	特　　徴	補足給付（第２段階）	利用者負担（第２段階）
①ユニット型個室（ユニット型施設）	広いリビングを取り巻くように個室が10室並んでいて、入居者が自由にリビングでくつろげるようになっている。台所、食堂、浴室などの共有スペースが併設されている。	6.4万円／月（居住費・食費）	5.1万円／月
②ユニット型個室的多床室（ユニット型施設）	①との違いは、部屋と部屋が完全に仕切られた壁ではなく、可動しない間仕切り（天井と壁の間に隙間がある）などで仕切られている個室のこと。2021年度以降は新設不可。	6.4万円／月（居住費・食費）	4.1万円／月
③従来型個室（従来型施設）	居室は個室だが、ユニット型個室のようにユニットを構成していないタイプの個室。共同の機能訓練室、食堂、浴室、談話室などが設けられている。	5.2万円／月（居住費・食費）	3.9万円／月
④多床室（従来型施設）	相部屋（定員４人以下）になっているタイプの居室のこと。共同の機能訓練室、食堂、浴室、談話室などが設けられている。	4.4万円／月（居住費・食費）	3.8万円／月

出所：社保審介護給付費分科会（R2.10.30）資料８などを元に作成。

所は**原則要介護3以上**の人が対象になりましたが、要介護1・2の人でも次の要件に該当する場合は、特例的に入所が認められます。

ア　認知症であることにより、日常生活に支障をきたすような症状・行動や意思疎通の困難さが頻繁に見られ、居宅において日常生活を営むことが困難である。

イ　知的障害・精神障害等を伴い、日常生活に支障を来たすような症状・行動や意思疎通の困難さ等が頻繁に見られ、居宅において日常生活を営むことが困難である。

ウ　家族等による深刻な虐待が疑われる等により、心身の安全・安心の確保が困難な状態である。

エ　単身世帯または同居家族が高齢・病弱であるもしくは育児・就労等により、家族等による支援が期待できず、かつ、地域での介護サービスや生活支援の供給が十分に認められないことにより、居宅において日常生活を営むことが困難である。

オ　右記以外の理由により、在宅で生活することが

（地域密着型）介護老人福祉施設サービス費（日額）

種別	介護福祉施設サービス費		地域密着型介護福祉施設入所者生活介護費	
要介護度	従来型個室・多床室	ユニット型個室・ユニット型個室的多床室	従来型個室・多床室	ユニット型個室・ユニット型個室的多床室
要介護1	5,890円	6,700円	6,000円	6,820円
要介護2	6,590円	7,400円	6,710円	7,530円
要介護3	7,320円	8,150円	7,450円	8,280円
要介護4	8,020円	8,860円	8,170円	9,010円
要介護5	8,710円	9,550円	8,870円	9,710円

※1単位=10円の場合。基本単価のほか、各種の加算・減算がある。

【1日の自己負担分の目安】

要介護3で特養の従来型個室、利用者負担は1割負担、居住費・食費は第2段階で計算

（利用者負担1割732円＋居住費480円＋食費390円）×1日＝1,602円

著しく困難であり、特別養護老人ホームの入所が必要と思われる。

（横浜市介護保険総合案内パンフレット２０２４年度版より）

利用者負担は**原則1割**（所得により2割・3割）で、**食費**と**居住費（部屋代）**は自己負担となりますが、低所得者には補足給付があります（56ページ）。

特養ホーム入所待機者が緩やかに減少？

地域差はあるものの全国的には、入所待機者が徐々に減少しています。しかし、２０２５年には「団塊の世代」がすべて後期高齢者になり、都市部では依然として今後も入所待機者が大幅に減ることは考えにくい状況です。

また、将来にわたって介護職員の不足が懸念されていますが、外国人労働者の活用等で不足を補えるかどうかは不透明です。

厚生労働省は従来の多床室を有する施設から個室中心のユニット型施設の建設を進めてきました。ユニット型施設では個室10室で１つのユニットを構成しています。１つのユニットを担当する所定の介護職員が確保できなければ、部屋が空いていても入所者を受け入れることができません。

なお、最新の入所待機者数は、市町村（保険者）や最寄りの地域包括支援センターで確認できます。また、各施設の待機者数を調べて、比較することも可能です。しかし、入所を急ぐあまり介護サービスの質に問題がある施設を選択しないよう注意が必要です。

02

医療機能を備えた療養介護施設

介護老人保健施設・介護医療院

介護老人保健施設

利用者が自立した日常生活を営むことができるよう、日常生活動作のリハビリテーションなどを行いながら在宅復帰をめざす施設です。

在宅生活の復帰を目的にしているので、退所して住み慣れた自宅の生活ができるかどうか、専門職の職員などが定期的に検討します。また、病状により入院治療の必要が認められる場合には、適切な医療機関を紹介します。

介護老人保健施設を利用する

介護老人保健施設（以下、「老健施設」）は、前述の「短期入所療養介護」（以下、「ショートステイ」）を併設している場合が多いです。そこで、ショートステイに短期入所し、**施設に空きが出るのを待つ**ような使い方もされています。ただし、1つの医療法人が病院、老健施設、併設のショートステイと、3つの機能を兼ね備えている場合も少なくありません。

そう考えると、突然の病気で入院し、一通りの治療が終わると、病院では療養できませんから、在宅に戻って療養するか、それが困難であれば病院系列の老健施設の入所を勧められます。しかし、空きがなければしばらくはショートステイに入所し、空きを待つことになり、言われるままにたらい回しにされるケースもあります。

一時的には在宅復帰できたとしても、最終的に在宅復帰が難しくなると、後述する「介護医療院」に入所し、最期を迎えることになります。

利用者負担は原則1割（所得により2割・3割）

介護老人保健施設における入所者・退所者の状況

（退所者：23,106人）

入所 → 介護老人保健施設

入所前の場所	割合
（計）	100.0%
家庭	33.6%
介護老人福祉施設	0.9%
その他の社会福祉施設	0.9%
介護老人保健施設	2.4%
介護医療院	0.1%
医療機関	48.5%
その他	2.4%
不詳	11.2%

介護老人保健施設 → 退所

割合	退所後の行き先
100.0%	（計）
36.3%	家庭
9.1%	介護老人福祉施設
3.2%	その他の社会福祉施設
1.7%	介護老人保健施設
0.1	介護医療院
33.3%	医療機関
10.6%	死亡 ※
5.0%	その他
0.8%	不詳

平均在所日数 309.7日（299.9日）

※死亡の内訳として、施設内での死亡が92.9%、入院先での死亡が7.1%

出所：令和元年介護サービス施設・事業所調査結果

で、食費と居住費（部屋代）は自己負担となりますが、低所得者には補足給付があります（56ページ）。

月あたりの概算例

①利用者負担
〈従来型個室基本型・要介護3〉
8,280円×30日＝ 248,400円
１割負担　24,840円

②居住費
1,728円×30日＝ 51,840円

③食費
1,445円×30日＝ 43,350円

④日常生活費等　15,000円

計135,030円

※利用者負担１割、居住費・食費は基準費用額で計算

介護医療院

介護保険法の改正によって、２０１８年４月から新たに創設された施設です。

慢性期の医療と介護のニーズを併せ持つ高齢者を対象に、日常的な医学管理や看取り、ターミナルケア等の医療機能と、生活施設としての機能を兼ね備えた施設です。まだ全国的に施設数が少なく、現在のところ利用できる可能性は高くないでしょう。

２０２４年４月１日時点の介護医療院の開設状況を見ると、開設総数は９２６施設で、内訳は次のページの表のようになっています。２０１８年の62施設に比べれば10倍以上となりました。

主に病院や診療所の介護療養病床や介護老人保健施設（老健施設）からの転換により開設されてきましたが、その構成比は7割近くとなっています。

介護療養型医療施設は２０２３年度末で廃止されましたので、介護医療院がその代わりを担うことになります。いよいよ「団塊の世代」が全員75歳を迎える２０２５年を迎え、これからの整備はどうなるのか、気になります。

また、利用者負担の目安をかつての介護療養型医療施設と比較すると、介護医療院の方が若干割高になります。その分、きめ細かいサービスが期待できるかどうか、整備状況とともに今後の運営状況にも注目しなければなりません。

介護医療院を利用する

介護医療院は大きくI型とII型に分けられます。

I型は、概ね従来の介護療養病床（療養機能強化型）に相当し、主に長期的な療養が必要で重篤な身体疾患（重い病気）がある人や、合併症がある認知症高齢者が入所の対象です。

II型は老健施設相当以上に相当となっており、入所対象はI型の対象以外となります。

前述のように、看取り、ターミナルケアの医療機能があるということは、ここで最期を迎えることになる人の入所施設だと言えます。

利用者負担や居住費、食費のしくみは介護老人保健施設と同じです。

月あたりの概算例

①利用者負担
〈I型（I）従来型個室・要介護５〉
12,630円×30日＝378,900円
１割負担　37,890円

②居住費
1,728円×30日＝　51,840円

③食費
1,445円×30日＝　43,350円

④日常生活費等　15,000円

計148,080円

※利用者負担１割、居住費・食費は基準費用額で計算

介護医療院の開設状況について

	令和５年 6/30時点	令和５年 9/30時点	令和５年 12/31時点	令和６年 4/1時点	
Ⅰ型介護医療院の施設数	529	534	541	600	
Ⅱ型介護医療院の施設数	259	263	269	319	
Ⅰ型及びⅡ型混合の施設数	6	5	6	7	
介護医療院の合計施設数	794	802	816	926	
転換元の施設数（複数施設が統合し転換する場合があり、上記施設数とは必ずしも合計数が一致しません）					（構成比※）
介護療養病床（病院）	481	481	486	543	58.6%
介護療養病床（診療所）	68	70	71	86	9.3%
老人性認知症疾患療養病棟（精神病床）	6	6	6	12	1.3%
介護療養型老人保健施設	99	99	102	103	11.1%
医療療養病床（平成30年度改定後の診療報酬の療養病棟入院料１又は２を算定している病床）	158	159	165	184	19.9%
医療療養病床（平成30年度改定後の診療報酬の経過措置が適応されている病床）	39	41	41	42	4.5%
医療療養病床（診療所）	30	32	32	33	3.6%
介護療養型医療施設・医療療養病床以外の病床	12	12	12	15	1.6%
その他のベッド	18	18	19	21	2.3%
新設	39	42	44	54	5.8%

※複数施設が統合し転換する場合があり、構成比の合計は100%にはなりません。

出所：令和6年10月29日 厚生労働省老健局老人保健課

<table>
<tr><th rowspan="2"></th><th colspan="2">介護医療院</th></tr>
<tr><th>（Ⅰ）</th><th>（Ⅱ）</th></tr>
<tr><td>基本的性格</td><td colspan="2">要介護高齢者の長期療養・生活施設</td></tr>
<tr><td>設置根拠
（法律）</td><td colspan="2">介護保険法
※ 生活施設としての機能重視を明確化。
※ 医療は提供するため、医療法の医療提供施設にする。</td></tr>
<tr><td>主な利用者像</td><td>重篤な身体疾患を有する者及び身体合併症を有する認知症高齢者　等（療養機能強化型Ａ・Ｂ相当）</td><td>左記と比べて、容体は比較的安定した者</td></tr>
<tr><td>施設基準
（最低基準）</td><td>介護療養病床相当
（参考：現行の介護療養病床の基準）
医師　48対１（３人以上）
看護　６対１
介護　６対１
～</td><td>老健施設相当以上
（参考：現行の老健施設の基準）
医師　100対１（１人以上）
看護・介護　３対１
※ うち看護2/7程度</td></tr>
<tr><td></td><td colspan="2">※ 医療機関に併設される場合、人員配置基準の弾力化を検討。
※ 介護報酬については、主な利用者像等を勘案し、適切に設定。具体的には、介護給付費分科会において検討。</td></tr>
<tr><td>面 積</td><td colspan="2">老健施設相当（8.0㎡/床）
※ 多床室の場合でも、家具やパーテーション等による間仕切りの設置など、プライバシーに配慮した療養環境の整備を検討。</td></tr>
<tr><td>低所得者への配慮
（法律）</td><td colspan="2">補足給付の対象</td></tr>
</table>

出所：厚生労働省「介護療養病床・介護医療院のこれまでの経緯」

介護老人保健施設サービス費（日額）

要介護度	従来型個室		多床室	
	基本型	在宅強化型	基本型	在宅強化型
要介護1	7,170円	7,880円	7,930円	8,710円
要介護2	7,630円	8,630円	8,430円	9,470円
要介護3	8,280円	9,280円	9,080円	10,140円
要介護4	8,830円	9,850円	9,610円	10,720円
要介護5	9,320円	10,400円	10,120円	11,250円

※１単位=10円の場合。基本単価のほか、各種の加算・減算がある。
※上記の他にも、療養型老健、特別介護保健施設、ユニット型など様々な施設タイプがある。

介護医療院サービス費（日額）

要介護度	Ⅰ型（Ⅰ）		Ⅰ型（Ⅱ）		Ⅰ型（Ⅲ）	
	従来型個室	多床室	従来型個室	多床室	従来型個室	多床室
要介護1	7,210円	8,330円	7,110円	8,210円	6,940円	8,050円
要介護2	8,320円	9,430円	8,200円	9,300円	8,040円	9,140円
要介護3	10,700円	11,820円	10,550円	11,650円	10,390円	11,480円
要介護4	11,720円	12,830円	11,550円	12,640円	11,380円	12,480円
要介護5	12,630円	13,750円	12,450円	13,550円	12,280円	13,380円

要介護度	Ⅱ型（Ⅰ）		Ⅱ型（Ⅱ）		Ⅱ型（Ⅲ）	
	従来型個室	多床室	従来型個室	多床室	従来型個室	多床室
要介護1	6,750円	7,860円	6,590円	7,700円	6,480円	7,590円
要介護2	7,710円	8,830円	7,550円	8,670円	7,430円	8,550円
要介護3	9,810円	10,920円	9,630円	10,750円	9,520円	10,640円
要介護4	10,690円	11,810円	10,530円	11,650円	10,420円	11,540円
要介護5	11,490円	12,610円	11,330円	12,450円	11,210円	12,340円

※１単位=10円の場合。基本単価のほか、各種の加算・減算がある。
※上記の他にも、特別介護医療院、ユニット型など様々な施設タイプがある。

03 介護付き有料老人ホーム

「特定施設入居者生活介護」の指定を受けたホーム

有料老人ホームの4タイプ

　特別養護老人ホームの入所待機者が増えている最中、有料老人ホームと名の付く居住系施設が急速に増えています。多くの場合、設立・運営主体は民間企業ですが、介護保険法の下で都道府県から指定を受けて運営されている有料老人ホームは必ず、**「特定施設入居者生活介護」（定員29人以下は「地域密着型特定施設入居者生活介護」）**という名称で呼ばれ、パンフレットやホームページにも記載されています。入居を検討する際には必ず確認しましょう。

　なお、有料老人ホームには大きく4つの種類があります。次ページの表をご覧ください。

介護付き有料老人ホーム（一般型）

　介護サービスは有料老人ホームの職員が行い、介護サービス費の原則1割（所得により2割・3割）が利用者負担となります。**介護保険の適用を受けるのは介護サービスの部分だけ**です。居住費や食費は施設によって差があり、全額自己負担で、介護保険施設のような補足給付はありません。

要介護1～5及び要支援1・2の人が入居（介護サービスを利用）できます。

　特定施設入居者生活介護の指定を受けていない有料老人ホームは、**「介護付き」**と表示することができません。注意しましょう。

　介護付き有料老人ホームには、居宅サービス（在宅サービス）と同じようにケアマネジャーがいて、ホームで介護サービスを受けながら生活するための**特定施設サービス計画**を作成します。

有料老人ホームの類型

類　型	類型の説明
介護付有料老人ホーム（一般型特定施設入居者生活介護）	介護等のサービスが付いた高齢者向けの居住施設です。 介護が必要となっても、当該有料老人ホームが提供する特定施設入居者生活介護を利用しながら当該有料老人ホームの居室で生活を継続することが可能です。（介護サービスは有料老人ホームの職員が提供します。特定施設入居者生活介護の指定を受けていない有料老人ホームについては介護付と表示することはできません。）
介護付有料老人ホーム（外部サービス利用型特定施設入居者生活介護）	介護等のサービスが付いた高齢者向けの居住施設です。 介護が必要となっても、当該有料老人ホームが提供する特定施設入居者生活介護を利用しながら当該有料老人ホームの居室で生活を継続することが可能です。（有料老人ホームの職員が安否確認や計画作成等を実施し、介護サービスは委託先の介護サービス事業所が提供します。特定施設入居者生活介護の指定を受けていない有料老人ホームについては介護付と表示することはできません。）
住宅型有料老人ホーム（注）	生活支援等のサービスが付いた高齢者向けの居住施設です。 介護が必要となった場合、入居者自身の選択により、地域の訪問介護等の介護サービスを利用しながら当該有料老人ホームの居室での生活を継続することが可能です。
健康型有料老人ホーム（注）	食事等のサービスが付いた高齢者向けの居住施設です。介護が必要となった場合には、契約を解除し退去しなければなりません。

注）特定施設入居者生活介護の指定を受けていないホームにあっては、広告、パンフレット等において「介護付き」、「ケア付き」等の表示を行ってはいけません。
出所：「有料老人ホームの設置運営標準指導指針について」厚生労働省（令和３年４月１日老発0401第14号）

（介護予防）特定施設入居者生活介護費／地域密着型特定施設入居者生活介護費

要介護度	（介護予防）特定施設入居者生活介護費	地域密着型特定施設入居者生活介護費
要支援１	1,830円	
要支援２	3,130円	
要介護１	5,420円	5,460円
要介護２	6,090円	6,140円
要介護３	6,790円	6,850円
要介護４	7,440円	7,500円
要介護５	8,130円	8,200円

※１単位=10円の場合。日額。基本単価のほか、各種の加算・減算がある。上記の他にも、外部サービス利用型、短期利用などのタイプがある。
※地域密着型は要介護１～５の人のみ。

介護付き有料老人ホーム（外部サービス利用型）

次に、同じ介護付き有料老人ホームでも、「**外部サービス利用型特定施設入居者生活介護**」の指定を受けているホームです。

介護が必要になったら、訪問介護やデイサービスなど外部の介護サービス事業所を利用できるという点を考えると、サービスの選択肢があり、より在宅生活に近いと言えるでしょう。

しかし、有料老人ホームを経営する会社がデイサービスや訪問介護事業所を運営している場合もあり、入居者に、自社の介護サービスを利用するよう誘導したり（囲い込み）、意図的に必要以上のサービスを提供している事例もありますので、その点には十分注意が必要です。

住宅型有料老人ホーム

住宅型有料老人ホームの説明に、「生活支援等のサービスが付いた高齢者向けの居住施設」とあります。この「生活支援サービス」とは、介護保険サービスではなく、居室の簡単な掃除や洗濯、買物などのサービスですから、注意してください。

介護サービスが必要な入居者は、地域の介護保険サービスを利用することになります。ただし、重度の要介護状態になると、退去しないといけない契約の施設もありますので、注意してください。第７章で説明しますが、重要事項説明書で入居・退去要件などをよく確認することが必要です。

健康型有料老人ホーム

この健康型有料老人ホームは、介護が必要な状態になったら入居契約を解除し、退去しなければなりません。

有料老人ホームの入居費用

有料老人ホームの４タイプに共通することですが、高額な入居一時金が必要な施設もあれば、そうではない施設もあります。毎月の居住費も月50万円以上の高級なところから10万円程度と比較的安価なところまで、様々です。

なお、どの類型に当たるか、一見してよくわからない未届の老人ホームもあるようです。老人福祉法では、「高齢者を入所させ、食事・介護・家事・健康管理のサービスのうち少なくともいずれか1つを提供していれば、入居者数にかかわらず有料老人ホームにあたる」とされ、行政への届出が義務付けられています（東京都「あんしん なっとく有料老人ホームの選び方」）。これに該当すると、たとえ未届けであっても、法規制の対象となりますので、よく確認することが必要です。

月あたりの概算例

①入居一時金　施設による

②利用者負担
〈特定施設入居者生活介護・要介護3〉
6,790円×30日＝　203,700円
2割負担　40,740円

②居住費（全額自己負担）　12万円（施設による）

③食費（全額自己負担）　6万円（施設による）

④日常生活費等　15,000円

計235,740円

※利用者負担2割、居住費・食費は施設による

有料老人ホームの類型と東京都のか所数（2016.4.1現在）

ホームの類型（か所数／定員数）		介護サービスの提供方法	入居時要件・入居できる方（要介護認定別）		
			自　立	要支援	要介護
介護付有料老人ホーム（596か所／38,918名）	介護専用型	入居ホームにて、ホームスタッフが立てたサービス計画に基づき、ホームスタッフからサービスを受ける	×	×	○
	混合型		○※	○	○
住宅型有料老人ホーム（128か所／4,762名）		入居ホームにて、（自宅にいるときと同様に）入居者自身が選択・契約した外部サービス事業者からサービスを受ける	○※	○	○
健康型有料老人ホーム（東京都内になし）		介護が必要となった場合には、契約を解除し退去しなければならない	○	×	×

※入居できる方については、ホーム独自の入居時要件を定めているところもあります。重要事項説明書で入居時要件を確認。
※介護付有料老人ホームには、「介護専用型」と「混合型」があり、介護専用型には要介護の認定を受けた方しか入居できない。

出所：「あんしん なっとく有料老人ホームの選び方（平成28年12月改訂第2版）」（東京都）

04 軽費老人ホーム（A型・B型・ケアハウス・都市型）

特定施設入居者生活介護の指定施設はごく少数

どんな施設か

軽費老人ホームは、社会福祉法および老人福祉法に規定されており、「無料または低額な料金で家庭環境、住宅事情等の理由により居宅において生活することが困難な老人を入所させ、食事の提供その他日常生活上必要な便宜を提供する施設」（老人福祉法20条の６）とされています。

主な設置主体は、地方公共団体や社会福祉法人、都道府県知事の許可を受けた法人で、公的性格の強い位置づけの施設です。

その中には介護保険制度の下、介護付き有料老人ホームと同様に、**特定施設入居者生活介護（外部サービス型を含む）**の指定を受けて、介護サービスを提供する施設（ケアハウス・介護型）もあります。

軽費老人ホームには、A型、B型、ケアハウス、都市型の４種類があります。A型・B型はケアハウスへの経過措置施設となっており、新設はできませんから、ホームのうち９割近くがケアハウスです。２０２３年10月現在、全国で２３３７施設あり、施設数自体は少しずつですが増えています。

入所対象は原則60歳以上

入所対象者は、「身体機能の低下等により自立生活を営むことについて不安であると認められる人であって、家族による援助を受けることが困難な60歳以上の人」となります。原則60歳以上ですが、配偶者や３親等内の親族の場合は、60歳未満でもともに入所が可能です。施設によって、所得制限がある場合もあります。

●**軽費老人ホームA型**

居室のほか、談話室、食堂などがあり、食事の提供や日常生活上の便宜が提供されます。

●**軽費老人ホームB型**

食事の提供がなく、自炊が原則のホームです。

●**ケアハウス**

原則個室で、車いすの生活となっても自立した生活が送れるように、構造・設備面で配慮されています。一般型と介護型（特定施設）に分けられます。

一般型は重度の要介護状態になると入居継続が困難になりますが、介護型は介護サービスを提供するため、重度の要介護者も入居できます。

●**都市型軽費老人ホーム**

都市部の低所得高齢者に配慮し、居室面積を狭くした代わりに都市部でも低廉な費用を可能にした小規模なホームです。食事の提供もあります。

介護サービスを提供するホームは数が少ない

介護保険制度は、全国どこでも介護サービスが受けられる公的な制度ですが、特定施設入居者生活介護の指定を受けている軽費老人ホーム（ケアハウス・介護型）は極めて数が少ないのが現状です。

岩手県11カ所、群馬県5カ所、神奈川県でも12カ所、比較的多いのは静岡県で21カ所、どこにあるのかわからないほど少ないのは、和歌山県4カ所、大分県の4カ所です。これは軽費老人ホームA型、B型とケアハウスを合わせた件数です。

「軽費」という名の通り、費用は有料老人ホームに比べれば安価ですが、数が少ないため、事実上入居はなかなか難しいと考えるべきでしょう。

05 サービス付き高齢者向け住宅

原則60歳以上が入居できるバリアフリー賃貸住宅

「サービス付き高齢者向け住宅（以下、「サ高住」と表記）とは、**高齢者の居住の安定確保に関する法律**に基づく高齢者の安心を支えるサービスを提供するバリアフリー構造の賃貸住宅です。

このサ高住の登録制度は、身体能力の低下した高齢者でも安心して生活できる住まいづくりを推進するため、医療・介護サービスとの連携を図り、国土交通省と厚生労働省が協同する補助事業として普及が図られています（5年毎の更新制）。２０２４年12月末時点で28万９０００戸のサ高住が登録され、「**サービス付き高齢者向け住宅情報公表システム**」で公開されています。

どんな住宅か

①居室面積やバリアフリー構造などのハード面の

サービス付き高齢者向け住宅の登録基準（概要）

種　別	内　容
ハード面	○床面積は原則２５㎡以上 ○構造・設備が一定の基準を満たすこと ○バリアフリー構造であること（廊下幅、段差解消、手すり設置）
サービス面	○必須サービス：ケアの専門家が少なくとも日中建物に常駐し、安否確認サービス・生活相談サービス ※その他のサービスの例：食事の提供、清掃・洗濯等の家事援助
契約内容	○書面による契約であること ○長期入院を理由に事業者から一方的に解約できないこととしているなど、居住の安定が図られた契約であること ○敷金、家賃、サービス対価以外の金銭を徴収しないこと　等

出所：国土交通省資料

要件とともに、②状況把握や生活相談サービスの提供、③契約面での賃貸人の一定の保護が登録基準とされています。料金やサービス内容などの情報が事業者から開示されることで、居住者のニーズに合った住居の選択が可能とされています。

サ高住の「住宅」とは、賃貸住宅ですから、月々の家賃を支払います。また「サービス付き」のサービスとは、介護（保険）サービスのことではなく、安心のためのサービス、すなわち入居者の「**状況把握サービス**」と「**生活相談サービス**」のことです。

前者は、**安否確認**で、定期的に各部屋の居住者（入居者）に常駐の職員（介護福祉士など有資格者が多い）が声をかけて健康状態などを確認します。後者は、入居者がサ高住の生活での困り事などの相談に応じるサービスです。

入居条件は、**原則60歳以上**の人または**要支援・軽度の要介護**の人は入居できる住宅もあります。

入居に要する費用

入居時に入居一時金（敷金）が必要な所もあります。月々の家賃のほか、管理費などがかかります。

その他、食事の提供や部屋の掃除、洗濯、買物などのオプションサービスを利用すれば、別途費用がかかります。これら費用の水準は個々のサ高住によりますので、よく確認することが必要です。

介護サービスが必要な場合は？

介護付き有料老人ホームなどと同様に**介護保険の特定施設入居者生活介護の指定を受けているサ高住**では、介護サービスが提供されていますが、その数は全体の9・0％とわずかです。

しかし、サ高住は自宅と同じ扱いですから、介護保険の**居宅サービスと契約して自室で利用すること**は、可能です。

サ高住利用の注意点

介護サービスの利用は、入居者自身が必要な介護サービスを選び、外部の訪問介護やデイサービスなどの事業者を利用することになりますが、これは建前上の話です。実際には、多くのサ高住に居宅介護

サービス付き高齢者向け住宅のイメージ

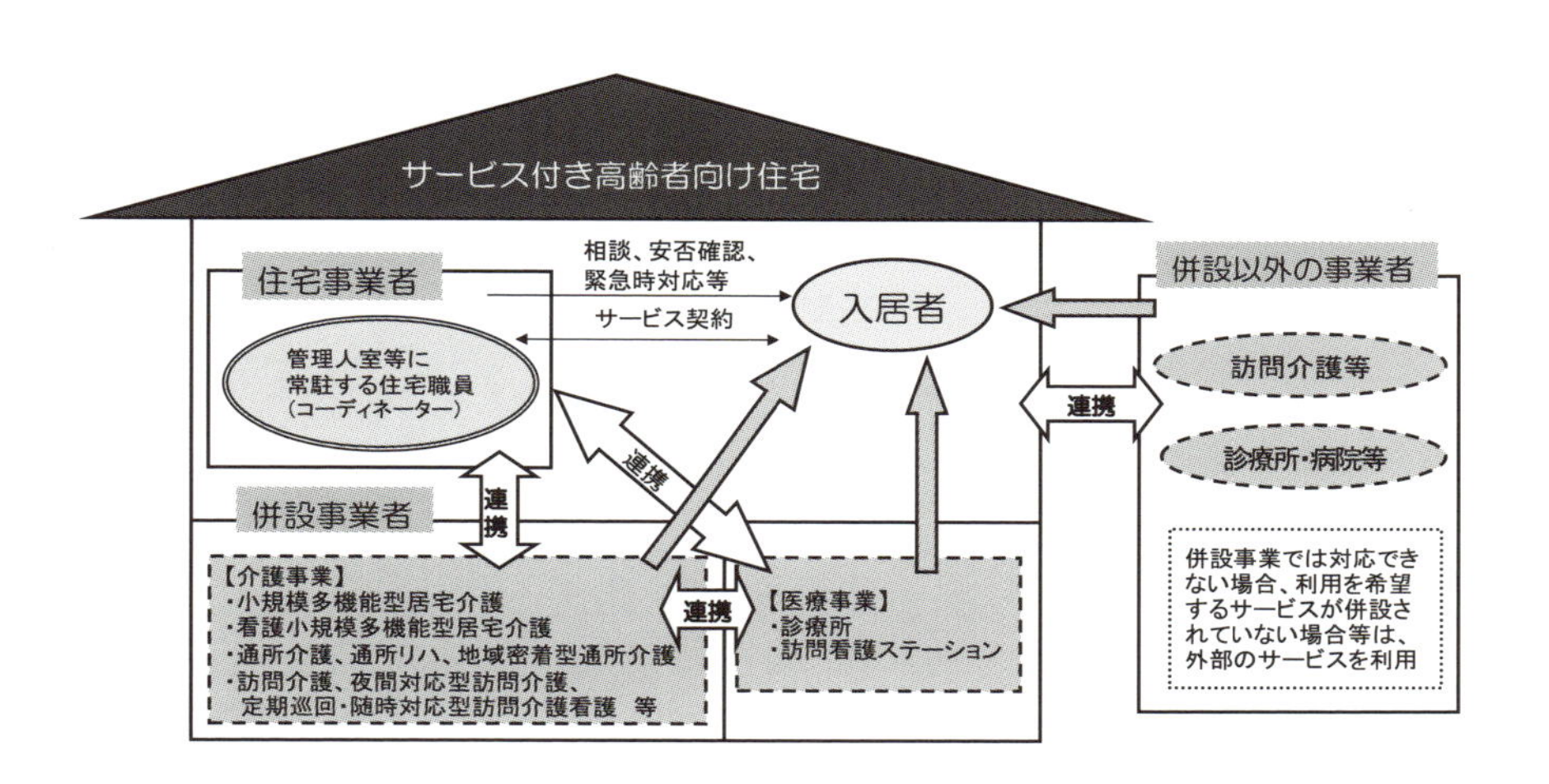

出所：東京都福祉保健局高齢社会対策部在宅支援課資料

支援事業所（ケアマネジャーの事業所）や訪問介護事業所が併設されており、建物の1階部分にデイサービスを併設しているサ高住もあります。

また、同じ敷地内に介護事業所を建てている場合もあります。いわゆる**利用者の「丸抱え状態」**となるわけです。

例えば、要介護1の入居者に利用限度額の上限まで訪問介護サービスやデイサービスを利用させている場合もありました。毎日、ホームヘルパーが居室に来て、さほど必要ないサービスを提供したり、1階のデイサービスを利用させている場合もありました。信じられない話かもしれませんが、これが実態です。利用する際は、自らの意思で介護サービスを選択することが大切です。

もちろん、サ高住併設の介護サービスを断り、外部の介護サービス事業者を選択することは可能です。サ高住側がこれを拒否することはできませんので、十分に理解しておきましょう。万が一、そのことでトラブルになりそうであれば、最寄りの地域包括支援センターに相談しましょう。

有料老人ホームとサービス付き高齢者向け住宅の違い

項　目	有料老人ホーム	サービス付き高齢者向け住宅
契約方法	主として利用権契約	主として賃貸借契約
利用料の支払い方式	前払金方式のところが多く、返還金のトラブルに注意が必要	一般的に月払い方式
居室面積	13㎡以上（東京都）（※1）	原則25㎡以上
最低限の生活支援サービス	食事、介護、家事、健康管理のいずれかを行えば有料老人ホームに該当（※2）	緊急時対応（東京都）・安否確認・生活相談を行うことが登録要件（※3）
事業を行う際の行政への手続	届出（義務）【老人福祉法】 指針に基準はあるが、基準を満たしていないホームにも届出義務がある。	登録（任意）【高齢者の居住の安定確保に関する法律】 一定基準を満たさなければ登録できない。
介護サービス 介護付の場合、介護保険法の基準を満たすことが必要	介護付　特定施設入居者生活介護 ホーム・住宅内で一体的な介護が可能	住宅型　介護保険は外部サービスを利用 住宅・ホームごとに提供される介護サービスは異なり、自由にサービスを選択することができる。
生活について	・居室は個室だが、共同生活の要素が強く、協調的な暮らし ・管理的ではあるが安心度は高い。	・プライバシーがより重視されており、自立的・自律的な暮らし ・自己責任のもと自由度の高い生活
居室移動や住み替え	・介護付有料老人ホームでは、原則、どの居室でも一体的な介護を受けることが可能。ただし、ホームによっては、要介護度が重度化した際に、介護専用居室等への移動があり得る。	・原則として借地借家法により、契約した住戸での継続居住が保障される。 ・要介護度が重度化した時等は、再度住み替えが必要となる場合がある。

※1：既存建築物等の活用の場合等の特例があります。
※2：これらのサービスを提供している場合、老人福祉法の有料老人ホームに当たりますが、サービス付き高齢者向け住宅に登録した場合、有料老人ホームの届出義務は課されないという関係にあります。なお、平成27年4月1日よりサービス付き高齢者向け住宅のうち有料老人ホームに該当するものは、有料老人ホームの指針（一部除く。）の対象となりました
※3：登録要件ではありませんが、ほとんどのサービス付き高齢者向け住宅では食事が提供されています。

出所：「あんしん なっとく有料老人ホームの選び方」（東京都）

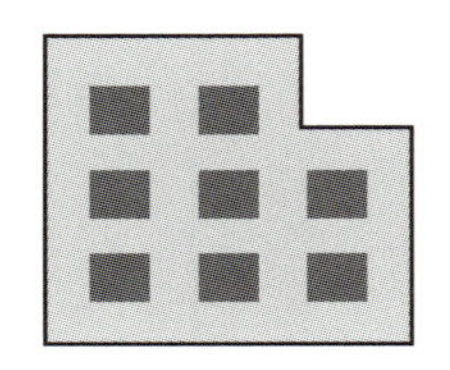

第5章

介護事業所・施設探しでやること

01 介護事業所・施設探しの基本スタンス

ケアマネまかせにせず利用者側が納得して選ぶ

要介護者が介護保険を利用するには、ケアプランが必要です。最初に、ケアマネジャーが所属する**居宅介護支援事業所**を選び、担当となったケアマネジャーと相談して必要な介護サービスを選びます。ケアマネジャーと居宅介護支援事業所の選び方については後述しますので、ここでは介護サービス事業所探しでやるべき基本を説明します。

「全部ケアマネジャーにおまかせ」にはしない

介護サービス事業所選びは、担当ケアマネジャーにすべてを任せず、**利用者側も自ら選択する意識を持つ**ことが大切です。

例えば、デイサービスを利用したい場合には、ケアマネジャーに最低でも3カ所程度の通所介護事業所を候補に挙げてもらいましょう。

インターネット環境があれば、候補の通所介護事業所のホームページを閲覧できますし、**介護サービス情報公表システム**で詳細な情報を見られます。

次にケアマネジャーが候補に挙げた事業所を**見学**します。少々手間ですが、実際にどのようなサービスが提供されているか、3カ所すべて見学します。できるだけケアマネジャーにも同行してもらい、事業所職員の説明を一緒に聞いてもらうと、後で事業所を比較、検討する相談がしやすくなります。

例えば、訪問介護事業所なら見学の必要はないと思われる人も多いですが、事業所がどこにあり、どんな所か見ておくことをお勧めします。介護保険のサービス事業所には、法律で定められた相談室があり、そこでいろいろな説明を受けます。訪問介護事業所内にある掲示物も確認しましょう。

掲示物とは、次のようなものです。

①訪問介護事業所の運営規程
②指定通知書（介護保険事業所の指定通知書）
③個人情報保護方針及び個人情報の利用目的

以上少なくともこの３点の掲示を確認します。要介護者や家族がわざわざ訪問介護事業所を訪問することはほとんどありませんから、事業所側は驚くかもしれませんが、拒むことはできません。

介護保険施設を探す

第４章で介護保険施設を説明しましたが、簡単に確認しておきましょう。

介護保険施設には、次の３つがあります。

●介護老人福祉施設（特別養護老人ホーム）

最初に、特別養護老人ホームです。複数（最大５カ所まで）の特養ホームに入所の申込手続きをして待つことになりますが、希望するホームに入所できるとは限りません。入所を検討する段階では、当然、担当のケアマネジャーが相談に応じます。費用の安さなら従来型の多床室で、個室を希望するならユニット型の特養ホームになります。

●介護老人保健施設（老健施設）

老健施設については、運営する医療法人などのホームページを閲覧したり、医療法人が経営している病院等の評判を確認して参考にします。

病院から退院して在宅復帰が難しい場合に、一時的に老健施設に入所することが多く、前述の医療ソーシャルワーカーが相談に応じます。

●介護医療院

２０２３年度末に介護療養型医療施設が廃止となり、これに代わる介護医療院が徐々に増え始めています。長期療養のための医療と日常生活上の世話（介護）を一体的に提供する施設です。

入院中の治療で病状が安定した後、長期的な療養が必要となった要介護者の選択肢の１つです。

介護付き有料老人ホームやサ高住を探す

介護付き有料老人ホームやサ高住を探す場合にも、ネット検索などが役に立ちます。

ホームやサ高住の入居を検討する際には、その時点で担当ケアマネジャーに相談できます。ケアマネジャーが把握している情報は地域が限定されているので、希望するホームや詳細情報を調べてもらうことができます。それらを元に入居を希望する本人や家族が、実際に見学するとよいでしょう。

有料ホームとサ高住もそれぞれ業界団体などのホームページを閲覧しましょう。ただ、入居費用や手続き方法などを確認する程度に利用します。

では、全国展開している大手の有料老人ホーム企業はどうでしょうか。

大手のホームでも事故が多発している事例があります。大手数社のホームページを比較すると、同じようなことを謳っているようでも、違いがあるものです。どちらが納得できるか、共感できるか、そうした視点で比較すると、ホームもサ高住もその実態がより理解できるようになります。

介護サービス情報公表システムを利用する

このシステムは、**「介護サービス情報の公表」制度に基づいて開示されている都道府県毎の介護保険事業者の情報公開**サイトです。介護付き有料老人ホームや介護事業所の指定を受けた軽費老人ホームも検索できます。

サ高住も国土交通省の**「サービス付き高齢者向け情報公表システム」**(https://www.satsuki-jutaku.jp/)と連携しているので、検索できます。

サ高住を運営する会社が訪問介護や通所介護のサービスを提供しているケースが多いので、その情報も確認しておきましょう。

業界団体のサイトも参考にする

厚生労働省や地方自治体のサイトはもちろん、各業界団体のサイトなども参考にするとよいでしょう。

・一般社団法人日本福祉用具供給協会
(https://www.fukushiyogu.or.jp/)

・一般財団法人 サービス付き高齢者向け住宅協会
(https://sajyukyo.com/)

・公益社団法人全国有料老人ホーム協会
(http://www.yurokyo.or.jp/)

02 介護サービス情報公表システムの使い方

「介護サービス情報公表」制度による事業者情報の公表

「介護サービス情報公表」制度は介護保険法に基づき、平成18年4月からスタートしました。

どんな制度か

介護サービス事業者に介護サービス情報の報告を義務づけ、利用者が介護サービスや事業所、施設を比較検討して適切に選ぶための情報を都道府県が提供するしくみです。

この**「介護サービス情報公表システム」**を使えば、インターネットでいつでも手軽に情報を見たり、事業所を探せます。現在、全国で約21万か所の「介護サービス事業所」の情報が検索・閲覧できます。

公的制度だから情報の信頼性が高い

重要なポイントは、次の2点です。

①介護サービス事業所は年1回直近の介護サービス情報を都道府県や政令指定都市に**報告**する。
②都道府県は事業所から報告された内容について、インターネットで公表を行うとともに、報告内容に対する調査が必要と認める場合、事業所に対して訪問調査を行うことができる。

事業者が虚偽の報告をすれば、調査や監査を受けなければならず、相応の罰則もあります。このことから、**公表情報の精度や信頼性は高い**と言えます。

この情報公表システムは、どの介護事業所が良いとか悪いとかの評価が書かれているわけではなく、様々な情報やデータを見ながら、**利用者が自ら評価して、自分に合っていると思われる事業所・施設を選択するためのツール（道具）**だと思ってください。

介護サービス情報公表制度のしくみ

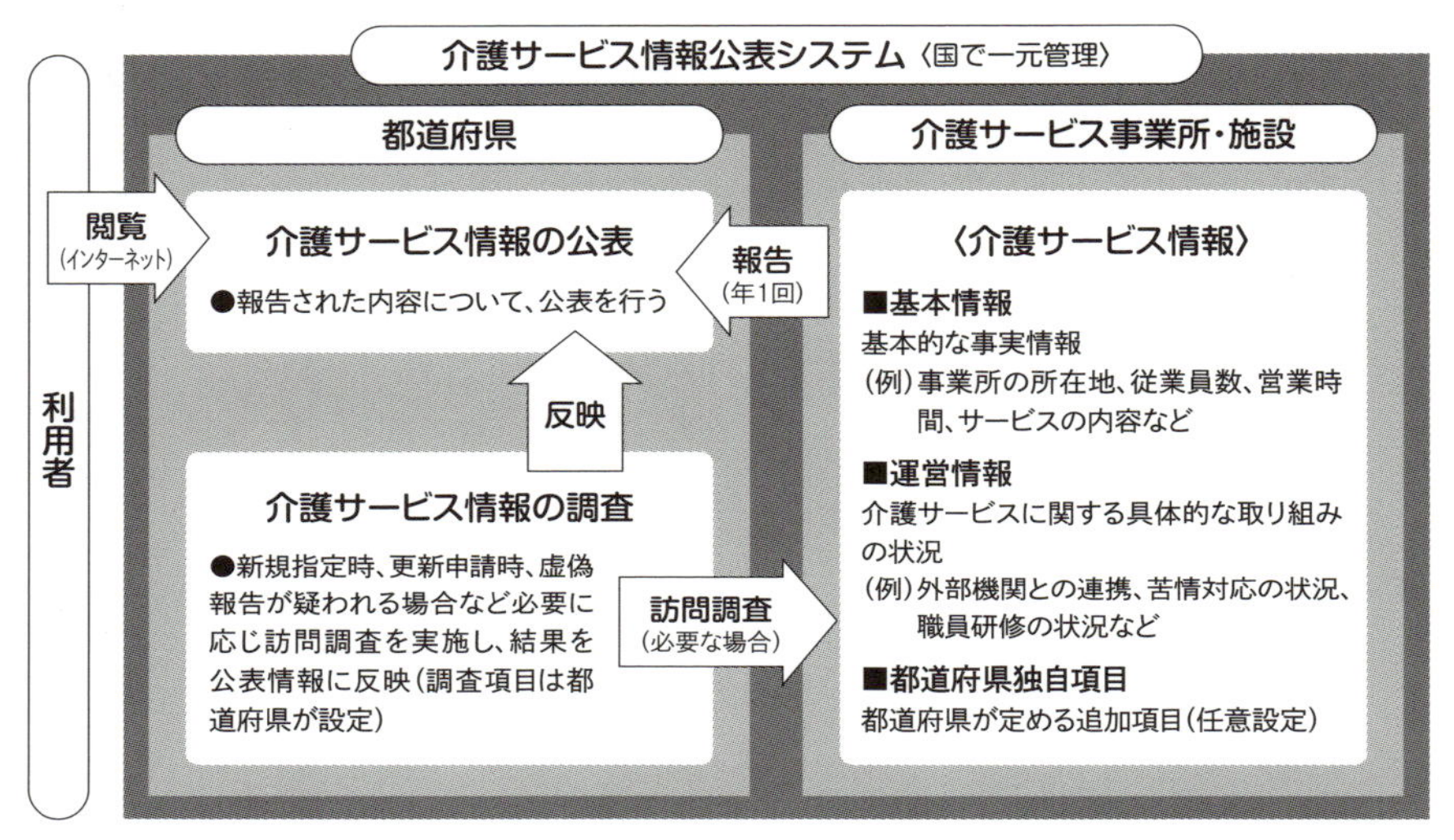

出所：厚生労働省資料

介護サービス情報公表システム全国版トップ

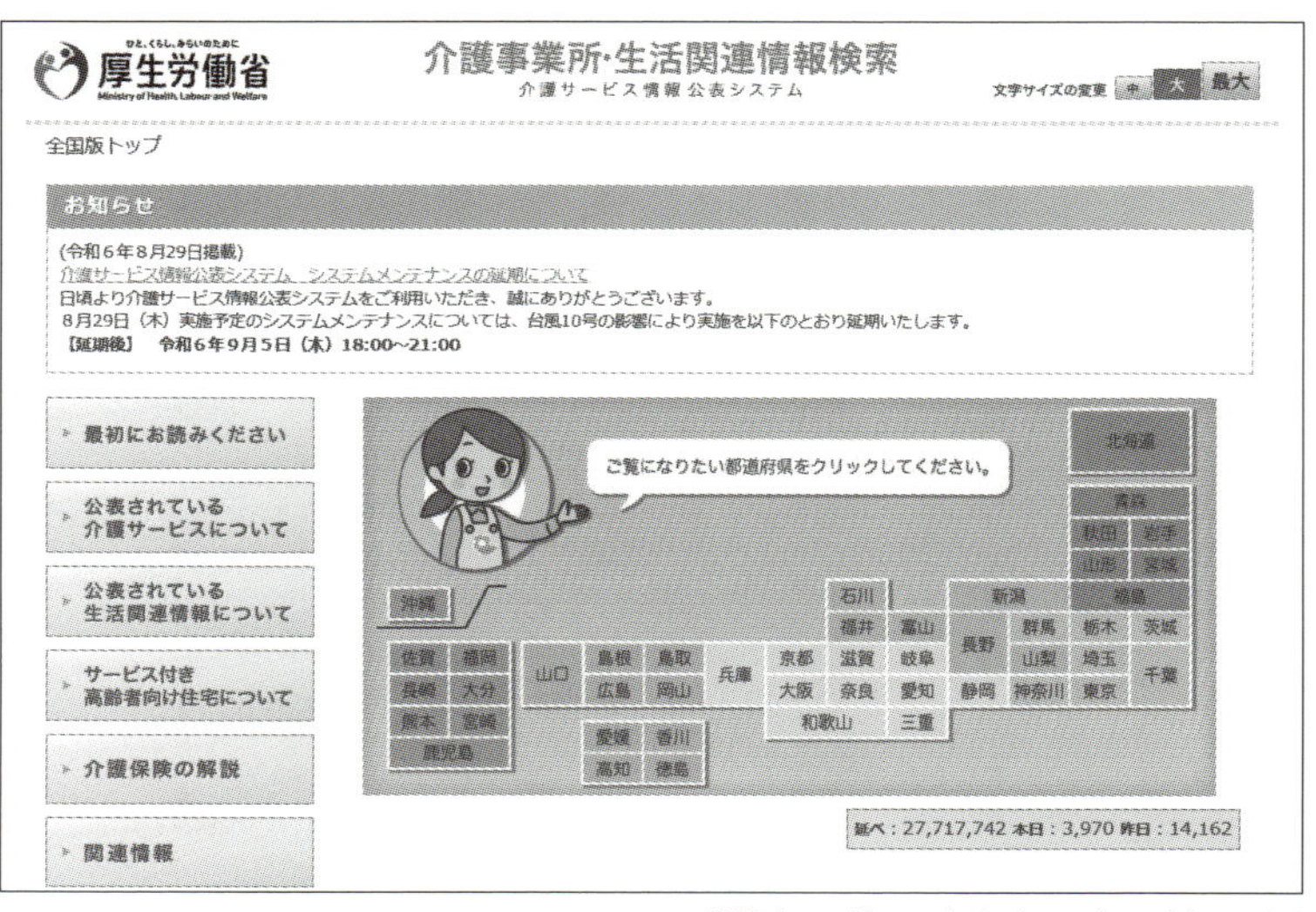

出所：http://www.kaigokensaku.mhlw.go.jp/

介護情報を見る

介護情報の見方

①トップページから都道府県を選択。地域や検索条件を入力して介護事業所を検索。
②事業所をクリックすると、最初のページで「事業所の概要」が見られる。
③先頭が「運営状況」を表したレーダーチャートで、下にスクロールすると、「事業所概要」「サービス内容」「設備の状況」といった順に並ぶ。
④さらに詳しい内容を見るには、「事業所の詳細」や「運営状況」のタブをクリックすると表示される。
⑤「公表情報の読み解き方」をクリックして、参考にする。

03

まず居宅介護支援事業所探しからスタート

ケアマネジャーの探し方と選び方

まず大事なのはケアマネジャー選び

介護保険制度で介護（介護予防）サービスを利用する際には、**ケアマネジャー（介護支援専門員）**が必ず関わるしくみになっています。

高齢の重度要介護者が、満足がいく最期を迎えられるかどうかもケアマネジャーの力量にかかっていると言っても過言ではなく、わかりやすく言えばケアマネジャーにもピンキリがあるということです。

①居宅介護支援事業所一覧リストを入手

在宅のケアプランを作成するケアマネジャーは居宅介護支援事業所に所属しています。まず居宅介護支援事業所を探します。**「介護保険介護サービス事業者ガイドブック」**を入手しましょう。どちらの市区町村でも同様のものがありますが、新年度に発行することが多く、毎年5月頃には役所の介護保険課や地域包括支援センターなどで、無料で配布しています。役所のホームページにも掲示されていますから、そちらを閲覧してもよいでしょう。

なお、このガイドブックには、居宅介護支援事業所のほか、すべての介護保険サービス事業所、介護施設などが掲載されています。

②候補の事業所のホームページを見る

筆者は、「介護サービス情報の公表」制度で、介護事業所の訪問調査を委託された主任調査員でしたから、調査先の介護事業所が決まると、必ずそのホームページを閲覧しています。

基本的な見方は、どの介護サービスでも大差はあ

ガイドブックの例（横浜市）

「ハートページ2024年」（横浜市）

りません。トップページに求人募集の告知がデカデカと掲示している場合には、常に職員が入れ替わっている可能性があるかも知れないと想像します。

③法人の経営方針や略歴などを見る

経営方針や経営者（代表者）のあいさつなどを読み、介護サービス提供に対する姿勢を確認します。同時にわかりやすい言葉で語られているか、要介護者やその家族に伝えたいという姿勢が感じられるかどうかも重要なチェックポイントです。

続いて、訪問介護や通所介護、福祉用具貸与なども提供している際は、一通り見るようにしています。居宅介護支援については、事業所が指定を受けた時期（事業所を開設した年月）を見ると、何年くらい続けているのかがわかります。

④ケアマネジャーの員数を見る

ケアマネジャーが1人だけの事業所もありますが、複数のケアマネジャーが在籍する事業所ほど、地域の情報が収集されています。さらに事業所の運営方針が掲示されていれば、これも読みます。残念なことに、運営方針の内容が介護保険法の文言をそのまま記載している事業所が多いです。

時々、事業者の言葉で書かれた運営方針を見つけることがありますが、それなりに考えられた形跡が窺えます。この点は初めて見る方にはわかりづらいかも知れません。

⑤個人情報保護方針などを見る

最後に必ず見なければならないのは、**「個人情報**

保護方針」と**「個人情報の利用目的」**です。どこも同じようなものだと思われがちですが、明らかにひな形をコピペしたと思われるものから、わかりやすく平易な文章で誠心誠意作成されたものまで、よく読むとわかります。特に「個人情報の利用目的」は、介護サービス提供にあたって、利用者の個人情報をどのような目的で使用しているか、具体的に表記されているかどうかが確認ポイントです。

介護サービス情報公表システムで探す

筆者は、この公表制度の主任調査員を13年間務めてきましたが、その理由は介護事業者の業務改善や事業運営のコンサルティング業務に活用できる有効な活動だと考えたからです。同じ居宅介護支援事業所でも様々な特徴があり、利用者にとって良い所も悪い所もすべて見ることができます。

さて、105ページで紹介した「介護サービス情報公表システム」は、残念ながらまだあまり知られていないので、この機会に是非、読者の皆様にも活用していただきたいと思います。

まず、居宅介護支援事業所名を入力して該当する公表内容を開きます。

①従業者数を見る

事業所のホームページで見た内容と重複する部分もありますが、「事業所の詳細」→「従業者」とクリックして従業者に関するページを見ます。ケアマネジャー数、個々のケアマネジャーの経験年数、基礎資格（ケアマネジャーになる前から取得している資格）などを確認します。

図は横浜市の居宅介護支援事業所の例です。総従業員数5人のうちケアマネジャーが4人（常勤4）、経験年数は10年以上が3人です。また、4人のうち2人が**主任ケアマネジャー**の資格者です。なかなか、このような事業所を見ることはありませんが、2021年度から居宅介護支援事業所の管理者は主任ケアマネジャー資格者に限定されています（2023年度時点の管理者の場合は、2027年3月末まで続けられる経過措置あり）から、経験豊富な主任ケアマネジャーの存在は増々重要です。

事業所の従事者に関する事項（居宅介護支援事業所）の例

● 従業者情報

総従業者数		5人
ケアマネジャー数	常勤	4人
	非常勤	0人
うち主任ケアマネジャー数 ?	常勤	2人
	非常勤	0人
ケアマネジャーの退職者数 ?	常勤	0人
	非常勤	0人
ケアマネジャーのうち看護師の資格を持つ従業者数 ?	常勤	0人
	非常勤	0人
ケアマネジャーのうち介護福祉士の資格を持つ従業者数	常勤	4人
	非常勤	0人
経験年数１０年以上の介護支援専門員の割合		75%

従業者である介護支援専門員が有している資格

延べ人数	常勤		非常勤	
	専従	兼務	専従	兼務
医師	0人	0人	0人	0人
歯科医師	0人	0人	0人	0人
薬剤師	0人	0人	0人	0人
保健師	0人	0人	0人	0人
助産師	0人	0人	0人	0人
看護師	0人	0人	0人	0人
准看護師	0人	0人	0人	0人
理学療法士	0人	0人	0人	0人
作業療法士	0人	0人	0人	0人
言語聴覚士	0人	0人	0人	0人
社会福祉士	0人	0人	0人	0人
介護福祉士	3人	1人	0人	0人
実務者研修	0人	0人	0人	0人
介護職員初任者研修	0人	0人	0人	0人

例：「マザーライクケアセンター南」（横浜市南区）

特定事業所加算（Ⅰ）～（Ⅲ）（A）

中重度者や支援困難ケースへの積極的な対応や専門性の高い人材の確保、医療・介護連携への積極的な取組等を総合的に実施することにより質の高いケアマネジメントを実施している事業所について算定される。（Ⅰ）～（Ⅲ）および（A）について、それぞれ要件が決まっている。

この事業所では、４人のケアマネジャーで、１４３人の利用者を担当しています。要介護度別でみると、中重度（要介護３～５）の利用者数が全体の約41％の58人です。在宅医療との連携による医療依存度の高い利用者を担当していることが窺えます。

筆者が考える理想的なケアマネジャーの員数は４人から６人くらいで、経験年数が３～５年、５～７年、10年以上の人がバランスよく在籍していることです。常勤３人以上で、そのうち主任ケアマネジャー資格者が１人いる居宅介護支援事業所は、**特定事業所加算**を取得していることが多く、この加算の取得の有無も確認しましょう。特定事業所加算を取得するには、そのための要件があり、**定期的な研修や会議の開催**が義務付けられています。それは、否が応でもケアマネジャーとしてのスキルを高めることにつながり、結果として利用者の**自立支援、重度化防止**に有効だと言えます。

②要介護度別の利用者数を見る

事業所が担当している要介護度別の利用者数を確認します。中重度（要介護３・４・５）の利用者が多い事業所は、医療依存度が高い利用者に対するケアマネジメント力があり、在宅医療（訪問診療）や訪問看護等との連携ができていて、経験豊富だと考えられます。

また、軽度者（要介護１・２）が多い場合には、単に利用者数を多く担当しているだけの事業所か、軽度者の自立支援や重度化防止を前向きに実施している事業所かに分かれる傾向があります。

●居宅介護支援で最低限確認したい項目

①所属するケアマネジャーの員数
②経験年数のバランス
③取得資格の種別とバランス
④特定事業所加算の取得有無
⑤利用者数とその要介護度別数

強化されたケアマネジャーの説明義務

２０１８年４月の介護保険制度の一部改正で、居宅介護支援事業所のケアマネジャーに新たに義務付けられた重要事項があります。国は要介護者を保護する様々な規定を設けていますが、その時ケアマネジャーに求められたのは、次の２点です。

①利用するサービスについて、利用者がケアマネジャーに「複数の事業所の紹介」を求めることができる

②その事業所をケアプランに位置付けた理由について、利用者がケアマネジャーに説明を求めることができる

ケアマネジャーは、契約時に必ずこの２点を利用者へ説明しなければなりません。

利用者は、例えばデイサービスを利用したい時に、最低でも２カ所以上の通所介護事業所の紹介を依頼し、見学して選ぶ機会を与えられます。また、そのデイサービスをケアプランに位置付けた理由を聞くこともできます。

これは、利用者の**「自己選択権」**と**「自己決定権」**を保障するためであり、それを利用者の身近にいるケアマネジャーに義務付けたことになります。

主任介護支援専門員の研修カリキュラム

主任介護支援専門員 研修カリキュラム（平成18年3月31日 厚労告265）を一部改正

	研修科目	時間
講義	主任介護支援専門員の役割と視点	5
講義	ケアマネジメント（居宅介護支援、施設における施設サービス計画の作成、サービスの利用援助及び施設サービス計画の実施状況の把握並びに介護予防支援をいう。以下同じ。）の実践における倫理的な課題に対する支援	2
講義	終末期ケア（EOL（エンドオブライフ）ケア）を含めた生活の継続を支える基本的なケアマネジメント及び疾患別ケアマネジメントの理解	3
講義	人材育成及び業務管理	3
講義	運営管理におけるリスクマネジメント	3
講義・演習	地域援助技術（コミュニティソーシャルワーク）	6
講義・演習	地域における生活の継続を支えるための医療との連携及び多職種協働の実現	6
講義・演習	対人援助者監督指導（スーパービジョン）	18
講義・演習	個別事例を通じた介護支援専門員に対する指導・支援の展開	24
	合計	70

出所：介護保険最新情報Vol.1233（R6.3.28）より抜粋

04 介護事業所・施設の運営状況を詳しく見る

介護サービス情報公表システムで、ある通所介護事業所の「運営状況」を見たら、レーダーチャートが下の図のようになっていたとします。

運営状況の各項目を見る

「利用者の権利擁護」と「相談・苦情等への対応」は、5点満点ですが、「サービスの質の確保への取組」は3点、「事業運営・管理」、「外部機関等との連携」は2点と良くないです。利用者である皆様は、これを見てどう評価するでしょうか。筆者の解釈を、1つの見方として参考にしてください。

この事業所は、利用者への対応は誠心誠意行っているだろうと想像できます。しかし、**「事業運営・管理」**の点数が低い点が非常に気になります。極論すれば、経営が立ち行かなくなるリスクも感じられ

「運営状況」のレーダーチャート①

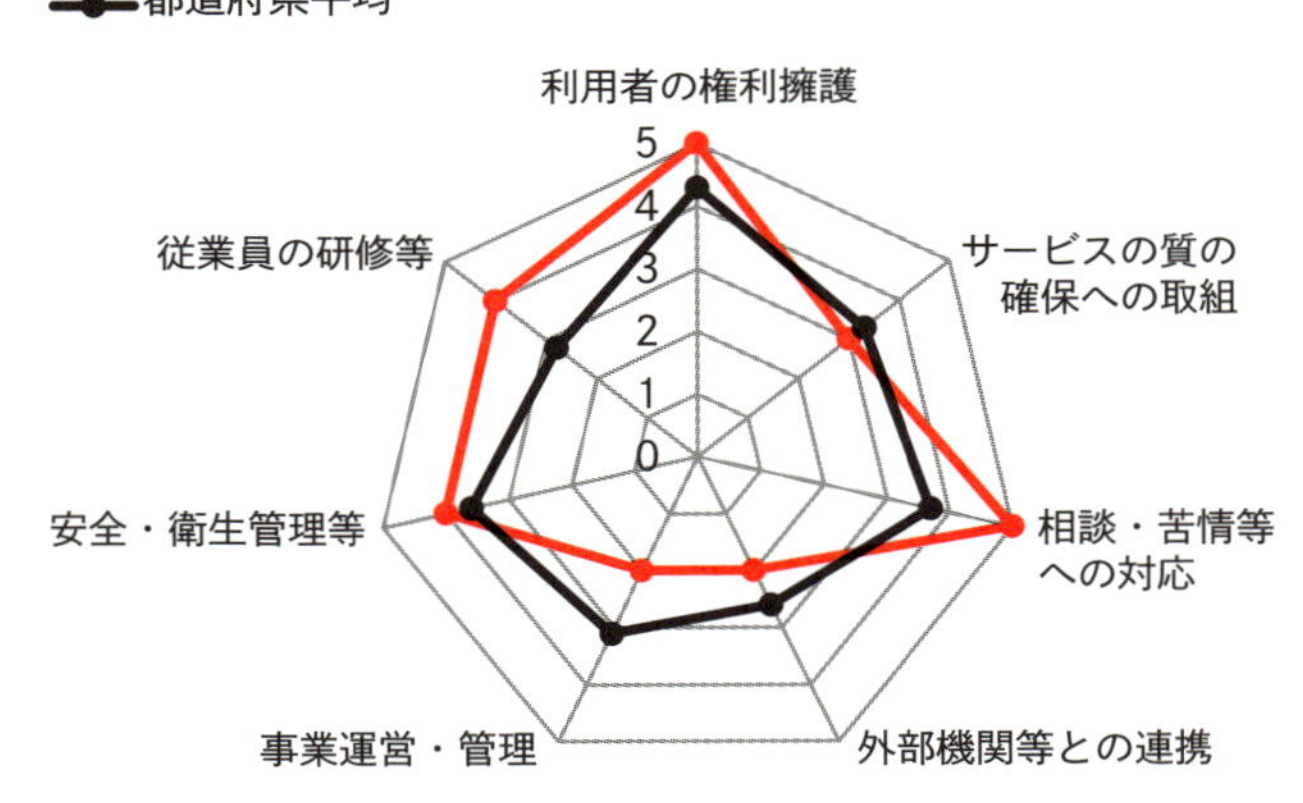

ます。また、**「外部機関等との連携」**ができていないと判断します。他事業所と協力し、利用者の自立支援や重度化防止を目指すべきところが、それができていないのではないかと想像します。

筆者が最も気になったのは、**「サービスの質の確保への取組」**です。この項目の詳細は、「運営状況」のページに詳しく掲示されています。「（事業所が）自ら提供するサービスの質についての自己評価の実施記録があるか」や「マニュアル等の見直しについて検討された記録があるか」、「経営改善のための会議において、利用者の意向、満足度等について検討された記録があるか」など、すべてが行われていない状態です。

皆様は、このような情報を見ないで、事業所を選びますか？「やさしそうな介護職員さん達だから、ここでお世話になります」と言って、決めてしまってもよいのでしょうか。

介護サービスを見る目を養う

介護事業者側は契約時に、利用者や家族に対し**重要事項説明書**により、**懇切丁寧に重要事項を説明する義務**があります。利用者側ができるだけ正確な最新情報を入手して、**自己選択権と自己決定権**を行使できるようなしくみになっています。

介護サービスの善し悪しは、むしろ自分に合っているか否かであり、このシステムを使えば徐々に見る目が養われます。ここで、次ページの一番上のもう1つのレーダーチャートをご覧ください。

加算の取得など詳細を見る

すべて5点満点の事業所ですが、筆者は「本当だろうか」と、少し疑いをもってさらに詳細な公表内容を確認します。その1つが「介護サービスの内容等」にある**「介護報酬の加算状況」**です（次ページ）。

この訪問介護事業所は、**「特定事業所加算（Ⅱ）」**という加算を取得しています。所定の介護報酬に加算されて、事業所に支払われる報酬です。特定事業所加算（Ⅰ～Ⅴ）を取得している訪問介護事業所は決して多くありません。取得にはいくつかの要件があり、定期的に職員研修を実施しているため、未取

「運営状況」のレーダーチャート②

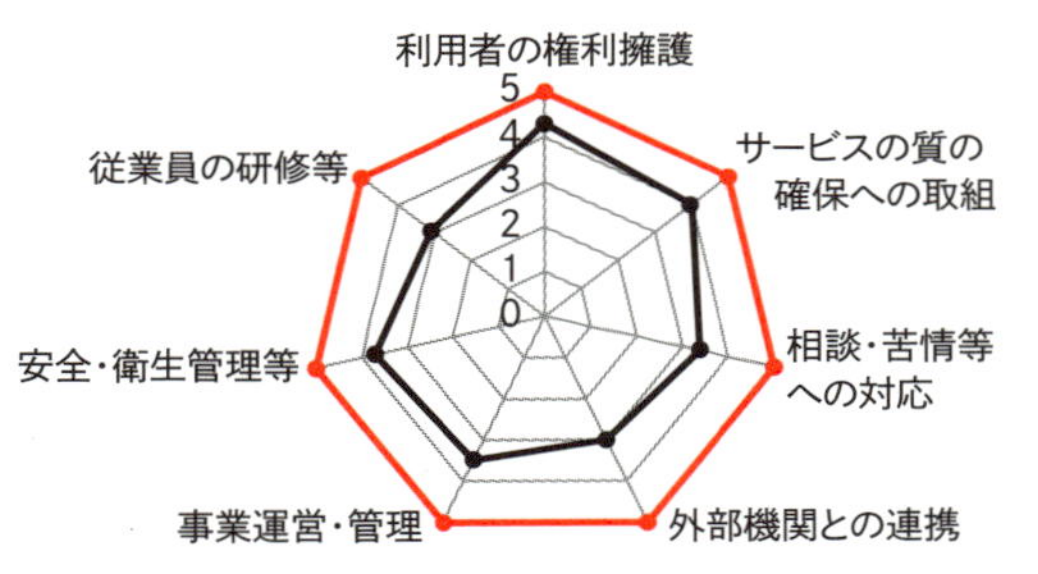

例：青空ケアセンター（横浜市金沢区）

●加算の状況

特定事業所加算（Ⅰ） ※体制要件、人材要件及び重度対応要件に適合	なし
特定事業所加算（Ⅱ） ※体制要件及び人材要件に適合	あり
特定事業所加算（Ⅲ） ※体制要件及び重度対応要件に適合	なし
特定事業所加算（Ⅳ） ※体制要件及び重度対応要件に適合	なし
特定事業所加算（Ⅴ） ※体制要件及び人材要件に適合	なし
特別地域訪問介護加算	なし
中山間地域等における小規模事業所加算	なし
中山間地域等に居住する者へのサービス提供加算	なし
緊急時訪問介護加算	あり
生活機能向上連携加算（Ⅰ）	なし
生活機能向上連携加算（Ⅱ）	なし
認知症専門ケア加算（Ⅰ）	なし
認知症専門ケア加算（Ⅱ）	なし

●サービス内容

サービスの特色 ?	1.要介護高齢者の方々の尊厳を尊重した在宅介護サービスの提供に努めています。 2.在宅での看取りの介護実現のため、介護スタッフの育成・強化を図っています。 3.サービスの提供は利用者本位を基本とし、迅速・安全・安心をモットーに実行します。
通院等乗降介助の実施の有無	なし
頻回の２０分未満の身体介護の実施の有無	あり

●従業者情報

総従業者数 ?		84人
訪問介護員等数	常勤	10人
	非常勤	71人
訪問介護員等の退職者数 ?	常勤	0人
	非常勤	10人
訪問介護員等のうち介護福祉士の資格を持つ従業者数	常勤	9人
	非常勤	27人
経験年数１０年以上の訪問介護員等の割合		22.2%

例：青空ケアセンター（横浜市金沢区）

得の事業所よりサービスの質が高いと判断できます。もう1つ、**「緊急時訪問介護加算」**も取得済みです。利用者が自宅内で転倒したりベッドから落ちたりした時などの緊急時に、連絡があれば、急行するという要件を満たす事業所です。

さらに、**「サービス内容」**（前ページ）に、**「頻回の20分未満の身体介護の実施」**があるので、身体介護の技術は高いと判断できます。

最後に、**「従業者情報」**（前ページ）をご覧ください。ここでは、訪問介護員の員数を確認し、訪問介護員が有する資格を見ます。訪問介護員が多い訪問介護事業所は、それだけ労務管理やサービス提供先の利用者の顧客管理もできていると判断します。また、全訪問介護員に占める介護福祉士（国家資格）の割合が44％で3割を超えていますので、特定事業所加算の要件を満たしています。

事業者に聞きたいことが見つかる

介護事業所を見学したり問い合わせる時に、事前に介護サービス情報公表システムで調べていると、

利用者本位の介護サービスの提供

(5) 認知症の利用者に対する介護サービスの質の確保のための取組	チェック項目
・従業者に対して、認知症及び認知症ケアに関する研修を行っている。	
利用者の対応や従業者に対する認知症等に関する研修の実施記録がある。	○
・認知症の利用者への対応及び認知症ケアの質を確保するための仕組みがある。	
認知症のケア等に関するマニュアル等がある。	○
(6) 利用者のプライバシー保護のための取組	**チェック項目**
・従業者に対して、利用者のプライバシー保護について周知している。	
利用者のプライバシー保護の取り組みにかかるマニュアル等がある。	○
利用者のプライバシー保護の取り組みにかかる研修の実施記録がある。	○
(7) 利用者の家族の心身の状況の把握や介護の方法に関する助言等	**チェック項目**
・利用者の家族の心身の状況を把握している。	
利用者の家族の心身の状況について記録がある。	○
・利用者の家族に対して、訪問サービスを提供していない時間帯でも、家族が適切に介護できるよう、介護の方法について説明している。	
利用者の家族に対して介護方法を説明した記録がある。	○

管理者に聞いてみたいことが必ずあるはずです。

では、前ページの**「利用者本位の介護サービスの提供」**をご覧ください。

これは、ある通所介護事業所（デイサービス）の公表内容詳細の一部です。チェック項目の「○」は「ある」で、「―」は「なし」です。

皆様ならこの事業所にどんなことを聞きたいと思いますか。筆者が質問するとしたら、2つあります。質問のしかたの参考にしてください。

①「認知症のケア等に関するマニュアル等、利用者のプライバシー保護の取組にかかるマニュアル等、身体的拘束等の排除にかかるマニュアル等があるそうですが、これらは実際にサービス提供で活用されていますか？」

②「利用者のプライバシー保護や身体的拘束等の排除は、利用者にとって重要ですが、職員の皆様は研修を受けているのでしょうか？」

1つ目は、公表内容の「ある・なし」だけでは、積極的に活用しているか否かは不明です。マニュアルがあっても使っていなければ、サービスのバラツキが生じている可能性があります。

この2つの質問に介護事業所の管理者はどう回答するのでしょうか。回答の内容によって、利用者である皆様がどう感じ取り、どう受け止めるか、納得感があるのか、その結果で自分なりの評価が下せるのではないでしょうか。

最悪の回答だけをここに記しておきます。

「介護サービス情報の公表制度では、事業所にマニュアルがないといけないことになっているので、置いてあるだけで使ってはいません」

これまで、こうした質問をされることはほとんどなかったかもしれません。利用者側に「そんな失礼なことは聞けない」という遠慮があったり、そもそも情報がなければ質問しようにもできませんでした。

本書を読まれた方には、自分自身や要介護状態の家族が、より良い介護サービスを利用しながら生活が送れるように、積極的に介護事業所を選ぶための情報収集を行っていただきたいと思います。

05 介護施設紹介サイトや第三者評価は参考になる？

しくみと現状をしっかり確認してから是非を検討しよう

実は、人材派遣、人材紹介業者とよく似ています。人材派遣、人材紹介も事前に人材を登録し、顧客企業の要望に合った人材を紹介したり、派遣したりします。紹介した人材が数カ月以上定着して勤務すれば、紹介先の会社から紹介料を受け取ります。

介護施設紹介業者も入居が決まれば、施設側から入居金の数十パーセントとか、家賃数か月分とか、**事前に取り決めた紹介料を受け取る**しくみです。

問題は、紹介業者のサイトに登録している介護施設すべてが、業者からの紹介を当てにしているわけではなく、仮に紹介があったとしても、その時満床であれば断ることになります。

もし希望の介護施設が満床であれば、紹介事業者は別の施設を勧めることになります。仕方なく別の介護施設に入居しても、あまり気に入らなければ、

事業者・施設探しの紹介業者は使える？

「急な退去・退院など、急ぎで老人ホームに入居したい場合はお電話でのご相談をお受けします」「物件数最大で検索！」「すぐに入れる介護施設」「年金で入居できる有料老人ホーム、すぐ紹介！」

インターネットで「老人ホーム探し」を検索すると、介護施設や老人ホームなどの紹介サイトが十数件見つかりました。冒頭のキャッチフレーズはどれも魅力的で、すぐにそのサイトを見たくなります。

もちろん、電話での相談も無料です。介護施設紹介業者は施設を紹介し、入居契約が決まれば紹介先の施設から**紹介料**を受け取ります。それを生業にしているので、原則として入居希望者に費用を請求することはありません。

退居となります。そこで、また施設紹介業者に依頼し、施設を探すことになるのではないかと思いますが、読者の皆様はどう考えるでしょうか。

福祉サービス第三者評価の受審事業所は？

「福祉サービス第三者評価制度」は、名称の通り福祉サービス全般を対象にしており、介護保険サービス以外にも保育所や児童施設、障害者施設なども対象にしています。**介護保険の事業所は、第三者評価は任意**ですので、ほとんどの事業所が受審していません。したがって比較はできないのが現状です。

下図を見る限り、令和４年度の受審率は訪問介護０・15％、通所介護０・61％ですから、参考にもなりません。

受審率が極端に低い理由は、いくつかありますが、**最大の問題は費用**です。１回の受審で、十数万円かそれ以上も負担する介護事業所は希少です。特に介護サービス情報の公表制度がスタートしてからは、第三者評価の必要性が薄れた印象があります。

また、第三者評価を受審した事業所でも、受審日が相当前のものだと、ほとんど参考になりません。ただし、東京都などは、積極的に受審を勧めています。特に**特別養護老人ホーム**などが受審する場合には、都が補助金を支給していますので、受審率も比較的高いと考えられます。

福祉サービス第三者評価の受審率

施設・サービス種別	令和４年度受審数	全国施設数※1	受審率	令和４年度迄の累計受審数
特別養護老人ホーム	489	8,414	5.81%	8,218
養護老人ホーム	32	941	3.40%	716
軽費老人ホーム	31	2,333	1.33%	575
訪問介護	55	35,612	0.15%	1,465
通所介護	149	24,428	0.61%	3,613
小規模多機能型居宅介護	39	5,614	0.69%	1,080
認知症対応型共同生活介護	504	14,085	3.58%	7,074

※全国施設数は令和３年10月1日現在
出所：全国社会福祉協議会政策企画部資料を一部改変

開示データの数字から判断できる目安もある
良い事業所・施設を見つけるチェックポイント

電話応対のチェック

介護事業所の電話応対は、一言で言えば、雑で間違った言葉遣いも多いです。一般的には当たり前の電話応対ですが、次の①のような「電話応対ができる介護事業所は決して多くありません。

①「お電話ありがとうございます。
〇〇〇〇訪問介護の山田でございます。」
②（3コール以上鳴った時には）
「お待たせいたしました。
〇〇〇〇訪問介護の山田でございます。」
③「もしもし、〇〇〇〇訪問介護です。」
「はーい、〇〇〇〇訪問介護です。」

3回コールが鳴った時には②のような応対なら〇ですが、③のように早口で応対したら、NGです。

介護事業所で最も多いのは、電話を受けた人が自分の名前を名乗らないことです。「お客様からいただいたお電話は私が責任をもってお受けしています。」という気持ちで、電話口に出ていないからです。

そうした研修や教育を介護事業所内で行っていないことは容易に想像できます。たまたま、電話をとった職員だけが悪いのではなく、事業所全体で要介護高齢者をお客様として受け止める姿勢ができていない可能性があります。

普段から事業所内で職員同士が会話している言葉遣いがそのまま電話口に出てしまいます。言葉遣いに丁寧さが欠けている事業所の介護サービスはどういうものだろうかと想像してみましょう。

介護事業所の電話応対のチェックポイントは、他にもいろいろありますが、きりがないので、前述の例がもっとも重要ではないかと思います。

介護施設の場合

特養など介護施設の場合は、比較的丁寧な電話対応ができています。それは事務職員がいて、外部からの電話を一手に引き受けるという点が、介護事業所との大きな違いでしょう。しかし、事務職員が休みの土曜、日曜には、介護職員などが電話応対する場合も考えられます。

いずれにしても、初めての電話は事業所・施設の第一印象となりますので、電話応対の善し悪しをチェックする絶好の機会です。

ホームページのチェック

108ページでも説明しましたが、ここではチェックポイントを確認しましょう。

最初に、ある会社のホームページに掲載のある、代表者(社長)のあいさつを読んでみてください。

介護事業所経営者のあいさつの例

ごあいさつ

「やさしい心を、やさしい手で伝えたい。」それが私達の願いです。

戦後の混乱期を乗り越え、現在の繁栄の礎を築いた大事な方々に住み慣れた地域で、慣れ親しんだ家で、安心した生活をおくっていただくこと。

それが一番大事ではないかと、私達は考えます。

一人ひとりに最適に設計されたケアプラン、安心・信頼の技術に裏打ちされた熟練の訪問介護員。より質の高いサービスを提供するために、専門的な研修を行い、ご利用者様はもちろんご家族からも信頼され、期待されるサービスを心掛けています。

私達の研修・研鑽は、すべてご利用者様に還元するためのものです。

あなたの信頼に応える、それが株式会社○○○○です。

会社概要・会社案内

これは必ず読みましょう。代表者のあいさつもあります。介護事業を始めた動機、きっかけなどが書かれていれば、よく読んでおきましょう。

取扱いの介護サービスの紹介

訪問介護、通所介護(デイサービス)、居宅介護支援事業などが紹介されています。サービスごとに説明があります。それは、わかりやすい文章で書かれているかどうか読んでみましょう。

続いて、何件かホームページを閲覧すると、有り無しがはっきりわかるものがあります。

●研修実績と内容

1つは、介護事業所が定期的に研修を行っている場合に、その研修の内容や研修の模様を写真で紹介している事業所があります。よく見ると、ただ「研修をやっています」だけの紹介より、その研修はどのような目的で実施したのかなども書かれていると、サービスの質に少しは期待が持てます。

●外部との交流

2つ目は、介護施設の場合に、外部との交流を紹介しているページを見ることがあります。特養ホームなどが日常的に近隣の住民と交流している様子を紹介しているので、施設の閉鎖的なイメージが感じられません。地域との共生を目指しているからです。

●利用者のアンケート調査結果など

3つ目は、もっとも見ることが少ないページです。

介護事業所や介護施設の利用者、入所者やその家族を対象に満足度調査のためのアンケートを実施し、その結果を掲載している事業所のホームページを見ると、常に利用者本位のサービスを目指している姿勢が窺えます。残念ながら、このような事業者は、極めて少ないと言わざるを得ません。

数字などでチェックできる目安

介護サービス情報公表システムなどから、介護職員などの人員の数、有資格者の数、利用者数（要介護度別）、事業運営年数などを見ます。

①訪問介護事業所の場合

訪問介護事業所には、管理者、サービス提供責任者、訪問介護員が在籍しています。管理者がサービス提供責任者も兼務している場合もあります。

●サービス提供責任者の員数

これは重要です。利用者40人に対し、原則1人の責任者を配置することが義務付けられています。それが1人しかいない事業所は、利用者が40人以下ということになります。調べてみると、利用者数が20名程度という事業所もあります。利用者数が少ないということは、介護技術の経験値があまり蓄積されていないという見方ができます。

ではサービス提供責任者が３人の事業所はどうでしょうか。利用者数は原則最大で１２０人ですが、概ね70人から90人程度が標準的です。１人のサービス提供責任者が管理できる限界は利用者数30人くらいです。

利用者の要介護状態には個別性があり、所定の40人を担当するのは現実的に難しいということです。サービス提供責任者の員数は、３人以上を目安にします。ただし、それ以下がよくないという意味ではありません。

●訪問介護員の員数や資格

訪問介護員（ホームヘルパー）の員数は、事業所によって差がありますが、１００人の利用者にサービスを提供するには、30人~40人、またはそれ以上のホームヘルパーが必要です。

サービス提供責任者は、法律上「介護福祉士」有

従事者（訪問介護員）の情報を見る

職種別の従業者の数、勤務形態、労働時間、従業者１人当たりの利用者数等

実人数	常勤		非常勤		合計	常勤換算人数
	専従	兼務	専従	兼務		
訪問介護員等	10人	1人	26人	0人	37人	17.7人
（うちサービス提供責任者）	6人	1人	0人	0人	7人	6.6人
事務員	0人	0人	0人	0人	0人	0人
その他の従業者	0人	0人	0人	0人	0人	0人
１週間のうち、常勤の従業者が勤務すべき時間数						40時間

※常勤換算人数とは、当該事業所の従業者の勤務延時間数を当該事業所において常勤の従業者が勤務すべき時間数で除することにより、当該事業所の従業者の人数を常勤の従業者の人数に換算した人数をいう。

従業者である訪問介護員等が有している資格

延べ人数	常勤				非常勤		
	専従		兼務		専従		兼務
		うちサービス提供責任者		うちサービス提供責任者		うちサービス提供責任者	
介護福祉士	9人	6人	1人	1人	13人	0人	0人
実務者研修	1人	0人	0人	0人	0人	0人	0人

例：やさしい手秋田（秋田県秋田市）

資格者でなければなりません。ホームヘルパーの中にも介護福祉士有資格者がいる事業所もあり、その数も１つの目安になります。事業所が積極的に資格取得を支援している場合には、有資格者がサービス提供責任者以外にも何人かいるはずです。

その例を紹介しましょう。介護サービス情報公表システムで見た従業者に関する事項（訪問介護）をご覧ください。筆者もよく存じている別の訪問介護事業所の例です（前ページ）。

訪問介護員37人のうち、サービス提供責任者６人です。介護福祉士資格者が常勤で計９人、非常勤13人、合わせて22人ですから、訪問介護員の半数以上になります。この人員体制で約１００人の利用者にサービスを提供していますので、数字だけ見ても、かなり運営管理が行き届いていると言えます。

②通所介護事業所の場合

デイサービスでは、１日の利用定員が決められています。

看護師の配置状況

利用定員10人以下の小規模なデイサービス（定員18人以下は地域密着型通所介護）は看護師の配置義務はありませんが、あえて看護師を配置している場合もあります。それは利用定員に対して契約利用者数が多く、利用者の健康管理に配慮しているという見方もできます。

看護師の配置義務のあるデイサービスに、看護師や准看護師が４人、５人といる場合もありますが、毎日全員が勤務しているわけではありません。１人の看護師が１日に数時間いればよいので、５人が毎日交代で勤務しているということです。看護師不足の昨今、１人の看護師が複数のデイサービスや介護施設を担当している実態があります。５人の看護師が日替わりで勤務しているわけですから、１人ひとりの利用者の健康状態などの情報共有が常にできているのか、気になります。

一日定員に対する総利用者数

一日利用定員10名の地域密着型通所介護の事業所は小規模なデイサービスで、それぞれに特徴があります。下図は、3～4時間の短時間のサービスを一日2回提供している例です。このデイサービスの利用定員を見てみましょう。

下の図では一日利用定員10名です。利用者の大半が要介護1・2ですが、総利用者数25人と少ないです。管理者に話を聞いてみると、要支援1・2の利用者が別に約50人も利用しているそうです。

事業所名が「**機能訓練特化型デイサービス**」となっているので、軽度者の利用が中心です。

一日利用定員10名×2回×週5日＝週100名枠で、25人の要介護者と約50人の要支援者が利用しています。

下肢筋力の強化と関節可動域の維持などを目的とした**生活機能訓練**を利用する軽度者が増えています。機能訓練の効果があるデイサービスは人気があり、利用定員に対して総利用者数が多い点を確認するようにしましょう。

※要支援1・2の人は、保険者が実施する『介護予防・生活支援総合事業』として地域密着型通所介護を利用します。

利用定員（通所介護）の情報を見る

利用定員						
指定地域密着型通所介護事業所	10人					
宿泊サービス	0人					
運営推進会議の開催状況（前年度）						
（開催実績）	2回	（参加者延べ人数）	6人			
（協議内容等）	22年9月　コロナ禍での利用者様に関する報告 23年3月　当事業所で実施している体力測定に関する報告 ※コロナ禍により書面開催					
地域・市町村との連携状況	−					
介護サービスの利用者（要介護者）への提供実績（記入日前月の状況）※総合事業利用者は含めないこと						
	要介護1	要介護2	要介護3	要介護4	要介護5	合計
利用者の人数	14人	7人	4人	0人	0人	25人
（前年同月の提供実績）	18人	7人	2人	0人	0人	27人
<宿泊サービスに関して>	要介護1	要介護2	要介護3	要介護4	要介護5	合計
利用者の人数	人	人	人	人	人	0人
（前年同月の提供実績）	人	人	人	人	人	0人
介護サービスを提供する事業所、設備等の状況						
建物の構造	地上階	3階	地下階	0階		

例：機能訓練特化型デイサービス ほっとさぽ（横浜市金沢区）

③介護老人福祉施設（特養ホーム）の場合

特養ホームの入所を検討する時に、最も気になる数字は**入所待機者数**です。入所申込前に待機者数を確認します。また、施設の担当者に待機者数から見て、**おおよその入所できる時期を確認**しましょう。

特養ホームを運営しているのは社会福祉法人です。財務内容の開示が義務付けられていますので、ホームページなどで年度ごとの**事業報告や法人単位資金収支報告書を閲覧**できます。こちらも必ず確認しましょう。特に事業報告は、その内容が詳細に報告されている法人とそうでない法人の差があります。

入所者に関する数字も報告されていますので、新規入所者数や退所者数とその理由などを確認できる法人もあります。また、「苦情対応検証会議」を開催している法人もあり、その**苦情の内容**について詳しく報告しています。

このあたりは数字の目安ということではなく、複数の特養ホームを見て、事業報告や収支報告書などの内容を比較する材料とします。

入所待機者数（特養ホーム）の情報を見る

● 利用者情報

入所定員 ※<>内の数値は都道府県平均 ?		127人<89.2人>
入所者の平均年齢		86歳
入所者の男女別人数		男性：35人 女性：86人
要介護度別入所者数	要介護１	3人
	要介護２	4人
	要介護３	38人
	要介護４	48人
	要介護５	28人
昨年度の退所者数 ?		43人
入所者の平均的な入所日数 ?		355日
待機者数 ?		282人

例：介護老人福祉施設
むさし村山苑
（武蔵村山市）

●昨年度の退所者数 ➡ 前年度１年間の退所者数
●入所者の平均的な入所日数 ➡ 入所される人が入所して退所されるまで施設で過ごす、平均的な日数
●待機者数 ➡ 記入日時点での待機者数

07

介護職員や管理者などの働きぶりを見る

訪問した際に職員間の会話や様子を観察してみる

前述の電話応対のチェックと同じように、介護職員、管理者などの言葉遣いは、日ごろの業務と大きな関連があります。

介護職員間の会話を聞いてみる

介護事業所や介護施設で働く介護職員、看護職員や管理者などが互いに丁寧な言葉遣いで会話している介護現場では、おおむねサービスの質も安定していると言えます。デイサービスや介護施設に行く機会があれば、介護職員同士の業務上の会話にも耳を傾けましょう。

ある介護施設で筆者がトイレに入っている時に、聞こえてきた会話です。まるで、入所者をモノ扱いで話していました（会話例①）。

また、ある居宅介護支援事業所の調査で訪問していた時には、調査中に次のような会話を耳にしました（会話例②）。

2つの業務上の会話を聞いたとしたら、読者の皆様は、どう感じるでしょうか。

こうした職員間のやり取りや電話応対などは、見学、訪問した介護事業所の相談室にいても、事務所が広くないので聞こえてきます。介護施設なら、機能訓練室やユニット型施設のリビングなどに行けば、それとなく職員同士の会話を聞くことができるでしょう。

事業所で聞こえる会話の例

①介護施設での会話例

職員A	「○○さんを車椅子に乗っけて、こっちへ連れてきて！」
職員B	「○○さんが嫌がっているんだけど、どうします？」
職員A	「それじゃ、そのまま、そこにおいといて、後でもう一度やってみて！」
職員B	「わかりました。ほっといていいですか」

②居宅介護支援事業所での会話例

管理者	「Aさん、○○さんが今朝入院したそうです。今、ご家族から連絡がありました。午後、時間が取れるなら、病院に行ってみてください。どうしても調整つかないなら、私が代わりに行けるから、言ってください。」
ケアマネA	「連絡を受けていただいて、ありがとうございます。夕方までには行けそうですから、○○さんの様子を見てきます。」
管理者	「それでは、帰ってから状況を報告してください。」

ポイント

職員間の普段の言葉遣いは、利用者の前でも来客者の前でも現れる

職員側の都合を優先していないか

デイサービスや介護施設では、介護職員や看護職員、生活相談員などが利用者や入所者を、トイレに誘導したり、食事を介助したりしています。個々の利用者や入所者の状態変化や体調などを、全職員が把握し情報を共有している場合には、声かけや誘導、介助が利用者や入所者の動きに合わせて行われています。

しかし、その逆に、介護職員側のペースで利用者や入所者を介護している例もあります。

ところで、サービスの利用を検討している人やその家族がデイサービスを見学することはあっても、訪問介護事業所や訪問看護ステーション（事業所）などを訪問することはほとんどないのが現状です。しかし、筆者は事業所を訪問すべきだと考えています。なぜなら、訪問介護や訪問看護などの訪問系サービスを検討する時に、その事業所がどういうところなのか、事前に知っておく必要があるからです。

プライバシーが守られているか

事前にアポイントメントをとって、事業所を訪問します。事業所の管理者は、必ず相談室に案内します。万一、相談室に案内せずに、他の職員たちもいる事業所内の空いている椅子に案内されるようなら、その事業所はＮＧです。

法律上、**利用者やその家族が相談に訪れた時は、相談室で対応しなければならない**という決まりがあります。それは、利用者やその家族のプライバシー保護を事業所に求めているからです。相談の内容はもちろん、相談者が誰か、別の来訪者などにわからないようにすることが義務付けられています。

相談室で、管理者から事業所のサービス案内パンフレットなどを説明されている間に、事業所の他の職員の会話や電話応対のやり取りが聞こえてくることがあります。狭い事業所内であれば、必ず聞こえてきます。その時の言葉遣いや電話応対のしかたをよく聴いておきましょう。

08 その他の知っておきたいこと

介護を取り巻く法改正や社会情勢にも気を配る

介護職員等への暴言・暴力

近年、あらゆる分野で社会問題化している１つに**「カスタマーハラスメント」**（カスハラ）があります。飲食店やその他のサービス業では、カスハラ対策を講じている事例が増えています。

例えば郵便局や銀行などでは、カスハラ対策を店内に告知しています。

介護サービスの提供を受ける利用者やその家族にとっても、今や注意しておかなければならない問題です。事前に契約書や重要事項説明書を取り交わす際に、**介護サービス事業者がセクハラやカスハラについて説明すること**があります。

例えば、利用者や家族による介護職員等への暴言や暴力などの事実が確認された場合に、悪質なカスタマーハラスメントとして、介護事業者はそうした行為の中止を申し入れます。それでも改善されなければ、最終的に「**契約の解除**」となる場合もあり、サービスを受けられなくなります。

また、利用者やその家族によるセクハラやカスハラに関する専用の相談窓口を設ける自治体も増えています。次のページはその１つで、横浜市のリーフレットの例です。

横浜市では、２０２４（令和６）年度から「介護事業者向けハラスメント対策事業」を開始し、同年4月に横浜市介護事業者向けハラスメント相談センターを開設して介護職員等からの相談を受け付けています。

事業所向けハラスメント相談センターの例（横浜市）

横浜市介護事業者向け

ハラスメント相談センター

利用者・家族等からのハラスメント行為でお困りの方は

ひとりで抱え込まずご相談ください!

電話またはメールで相談できます

横浜市介護事業者向けハラスメント相談センター

0120-880-021（フリーダイヤル）

お問合せフォームに相談内容を記載し、メールで相談できます。

URL：https://wcan-media.com/yokohama-consultation-center1/

受付日 **月曜日～金曜日**（土、日、祝日及び12月29日～1月3日は除く）

受付時間 **9:00～17:00**（メールは24時間受付、対応は9:00～17:00）

相談対象 **横浜市内の介護事業所で働いている介護職員や管理者等**

相談内容 介護サービスの利用者・家族等からの**カスタマーハラスメントへの対応**

横浜市　健康福祉局介護事業指導課

出所：横浜市健康福祉局介護事業指導課

後期高齢者急増と要介護高齢者の増加

２０２５年は、「**団塊の世代**」（昭和22年から24年に生まれた世代）約８０６万人がすべて75歳以上となる年で、一気に後期高齢者が急増します。国立社会保障・人口問題研究所の推計では、２０２５年の後期高齢者数は２１５４万人あまりとなるそうです。

後期高齢者数は、既に65歳以上74歳までの前期高齢者数を上回っており、今後も増え続けると予測されています（次頁の上表）。

厚生労働省等の統計では、後期高齢者の要介護認定率は概ね23・０％ですので、要介護者も増加することが見込まれています。その一方で、介護職員の不足が深刻化している昨今、数年前から「**介護難民**」と言われる要介護高齢者は、統計がありませんが確実に増えていると考えられます。

今では、「介護難民」と同様の意味で、「**ケアマネ難民**」が都市部の特定地域で見受けられるようになっています。これは、担当ケアマネジャーが見つからず、ケアプランを作成されないために、必要な介護サービスが受けられないまま、数ヵ月に及んでいる状態です。

介護職員不足の深刻化

２０２４年12月に介護職員の減少が報じられました。厚生労働省が発表した『令和５年「介護サービス施設・事業所調査」の結果（令和６年12月25日公表）』より、令和５年10月１日時点の介護職員数（介護保険給付の対象となる介護サービス事業所、介護保険施設に従事する職員数）が取りまとめられ、公表されました。各サービスの介護職員数を集計すると、令和５年10月１日時点で、約２１２・６万人（対前年△２・９万人）となっています（次頁の下表）。

なお、前年度より減少に転じたのは、今回が初めてで、今後最大で50万人の介護職員が不足するという試算もあります。

介護職員約２１２万６０００人に対して、介護サービスを利用しているか、利用する可能性がある要介護認定者数は、６６８万９０００人（２０２０年度）で、今後も増え続けることが予想されています。

高齢化の現状

単位：万人（人口）、%（構成比）

		令和5年10月1日		
		総数	男	女
人口	総人口	12,435	6,049 （性比） 94.7	6,386
	65歳以上人口	3,623	1,571 （性比） 76.6	2,051
	65～74歳人口	1,615	773 （性比） 91.8	842
	75歳以上人口	2,008	799 （性比） 66.0	1,209
	75～84歳人口	1,337	582 （性比） 77.2	755
	85～94歳人口	602	203 （性比） 50.9	399
	95歳以上人口	68	13 （性比） 23.6	55
	15～64歳人口	7,395	3,752 （性比） 103.0	3,643
	15歳未満人口	1,417	726 （性比） 105.0	691
構成比	総人口	100.0	100.0	100.0
	65歳以上人口（高齢化率）	29.1	26.0	32.1
	65～74歳人口	13.0	12.8	13.2
	75歳以上人口	16.1	13.2	18.9
	75～84歳人口	10.8	9.6	11.8
	85～94歳人口	4.8	3.4	6.3
	95歳以上人口	0.6	0.2	0.9
	15～64歳人口	59.5	62.0	57.1
	15歳未満人口	11.4	12.0	10.8

資料：総務省「人口推計」令和５年10月１日（確定値）
（注1）「性比」は、女性人口100人に対する男性人口
（注2）四捨五入の関係で、足し合わせても100.0%にならない場合又は総数と一致しない場合がある。

出所：高齢社会白書（令和６年版）

介護職員数の推移

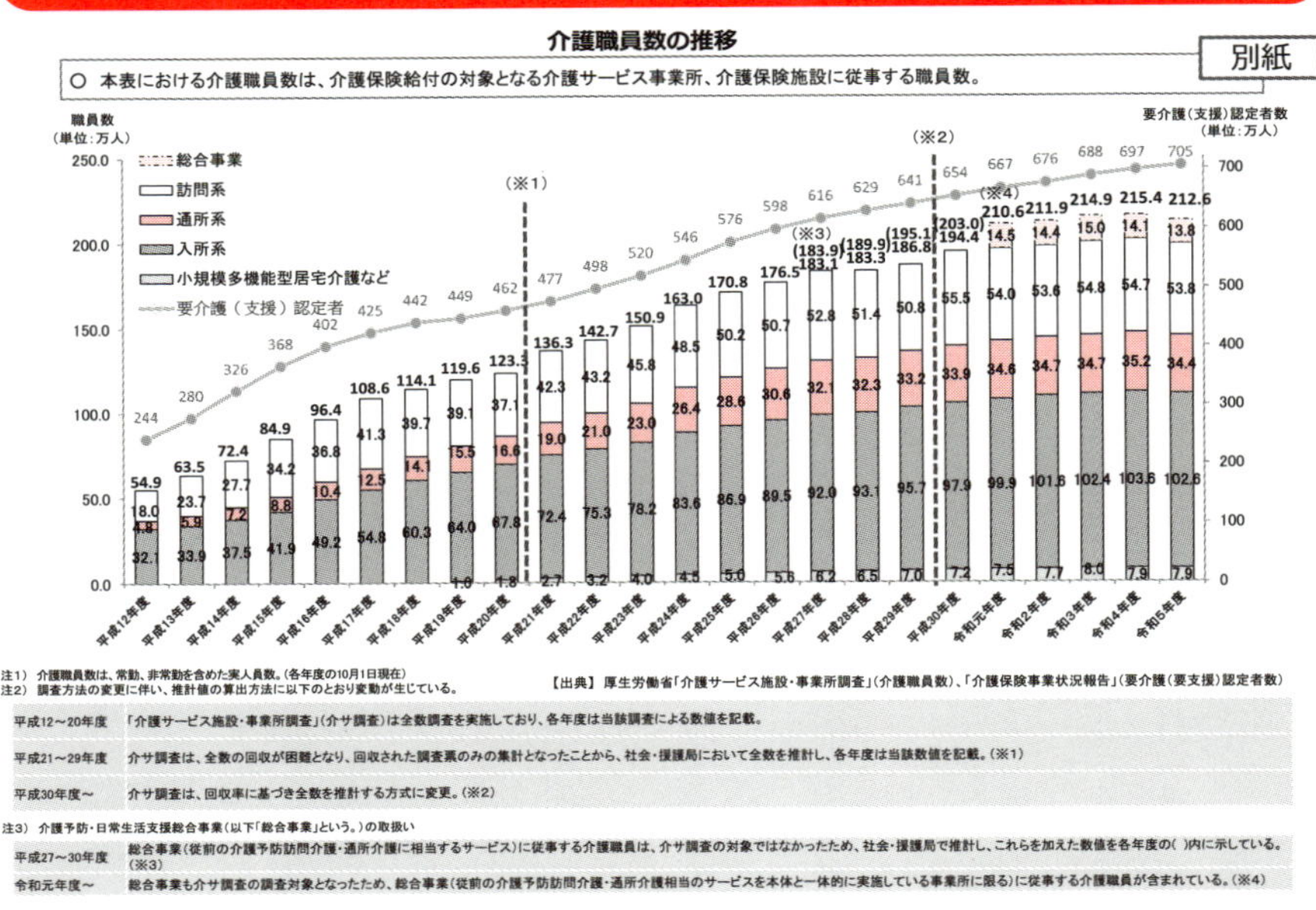

出所：高齢社会白書（令和６年版）

「経営情報の報告」の義務化

これまで説明してきたような理由により、介護事業所・施設選びがますます重要になり、選び方のポイントが増えています。

２０２４年度から、「介護サービス情報の公表」制度において、新たに介護事業者に義務付けられた重要な項目があります。

それは、**「経営情報の報告」**です。毎年の決算月以降に経営情報を市町村や都道府県に報告し、介護サービス情報の公表システムに公表されることになりました。介護サービスの利用を検討する上で、確認すべき重要な項目の１つになります。

介護サービス情報公表システムでは「運営状況」に**「財務諸表」**のタブが追加され、以下のように表示されます。

右端にある「ダウンロード」をクリックすると、ダウンロードされた損益計算書等を閲覧することができます。

経営情報（財務諸表等）の公表

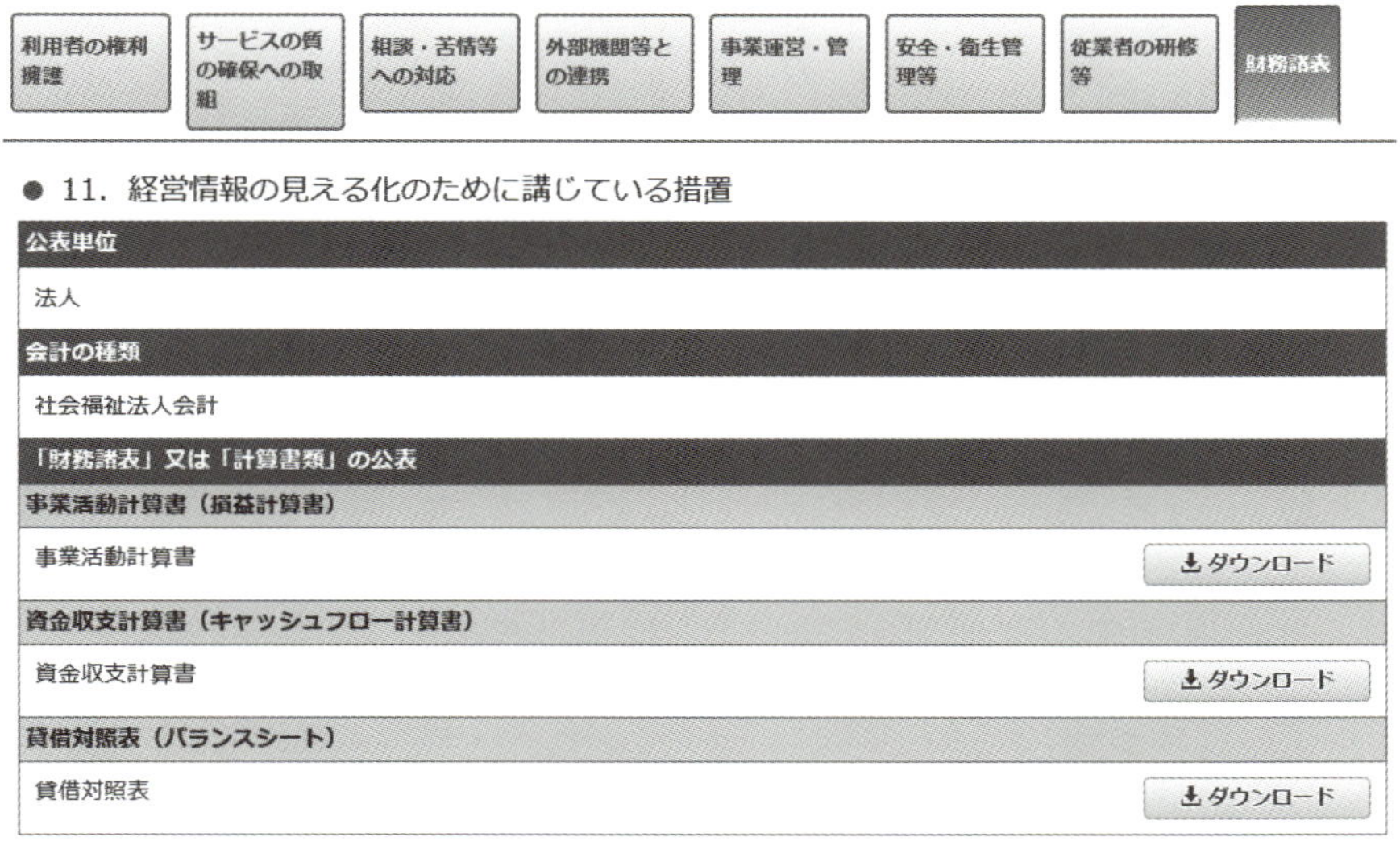

利用者の権利擁護 | サービスの質の確保への取組 | 相談・苦情等への対応 | 外部機関等との連携 | 事業運営・管理 | 安全・衛生管理等 | 従業者の研修等 | 財務諸表

● 11. 経営情報の見える化のために講じている措置

公表単位	
法人	
会計の種類	
社会福祉法人会計	
「財務諸表」又は「計算書類」の公表	
事業活動計算書（損益計算書）	
事業活動計算書	ダウンロード
資金収支計算書（キャッシュフロー計算書）	
資金収支計算書	ダウンロード
貸借対照表（バランスシート）	
貸借対照表	ダウンロード

高齢者虐待の増加に注目しよう

介護施設だけでなく、独居の要介護高齢者が利用する訪問系サービス、短期入所サービスなども含めて、サービスを選ぶ時に確認すべき項目として外せないものとなってきたのが、**高齢者虐待**の現実です。

2024年12月27日に厚生労働省が発表した令和5年度「**高齢者虐待の防止、高齢者の養護者に対する支援等に関する法律**」に基づく対応状況等に関する調査結果によれば、養介護施設従事者等（介護老人福祉施設、居宅サービス事業等に従事する者）による高齢者虐待については、相談や通報の件数が、3441件（対前年度646件（23・1%）増）となり、過去最多で3年連続増加しています。

そのうち、虐待と判断された件数は、1123件（対前年度267件（31・2%）増）で、1000件を超え増加傾向にあります。

また、高齢者虐待は、**家族などの養護者による虐待**も増えています。

「養護者」とは、高齢者の世話をしている家族、親族、同居人等のことを言います。

左の「**養護者による高齢者虐待の相談・通報件数と虐待判断件数の推移**」をご覧ください。

決して、介護現場だけで起きているのではなく、高齢者を養護すべき立場の家族等による虐待も社会問題化していることがわかります。

なお、要介護施設従業者等、養護者に共通する虐待の発生要因は、「職員のストレス・感情コントロール」（67・9%）であり、養護者の「介護疲れ・介護ストレス」（54・8%）となっています。また、権利擁護や虐待に対する理解不足も大きな要因として挙げられています。

相談・通報件数は、4万386件（対前年度2095件（5・5%）増）。過去最多で11年連続の増加となっています。

虐待判断件数は、1万7100件（対前年度431件（2・6%））の増。

虐待者の続柄は、息子（38・7%）が最多で、夫（22・8%）、娘（18・9%）と続きます。

高齢者虐待防止法に基づく調査結果

【調査結果（相談・通報件数等）】

養介護施設従事者等(※)による高齢者虐待の相談・通報件数と虐待判断件数の推移

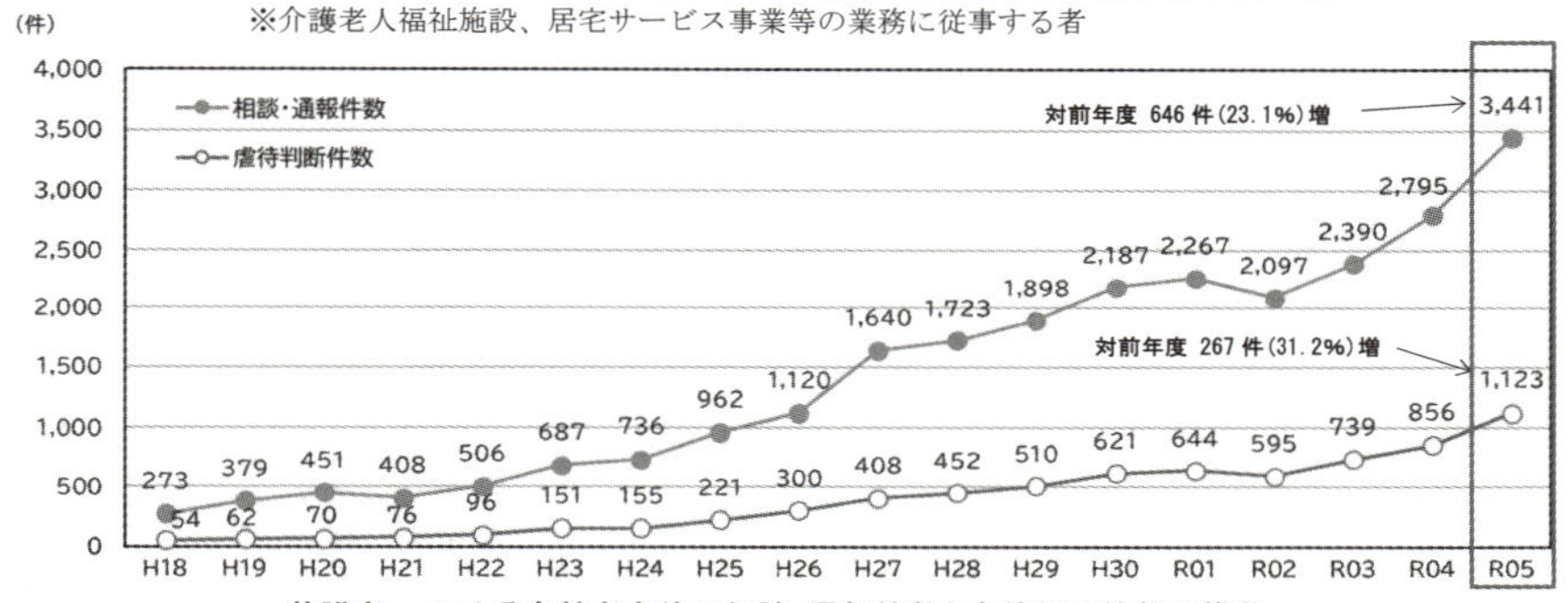

養護者(※)による高齢者虐待の相談・通報件数と虐待判断件数の推移

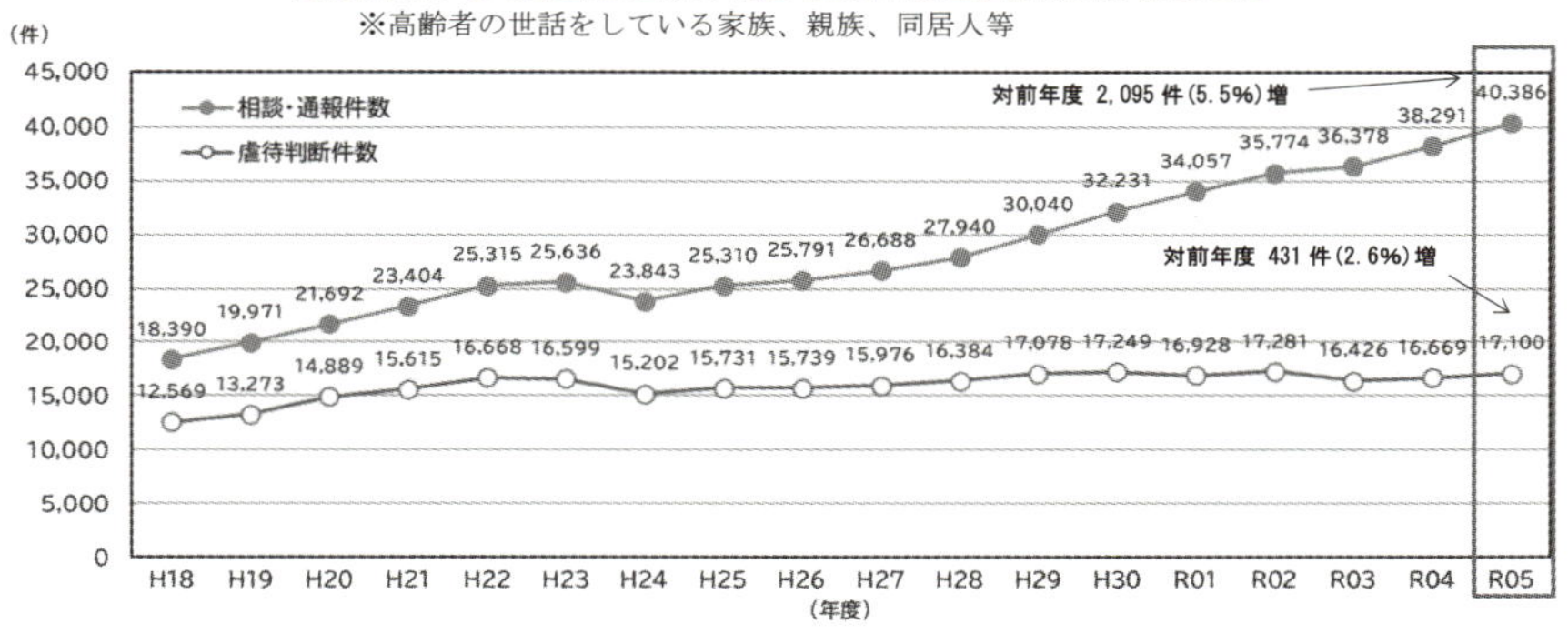

出所：厚生労働省老健局高齢者支援課

介護サービス情報公表システムを利用

２０２４年10月、「「介護サービス情報の公表」制度の施行について」（厚生労働省老健局長通知）が一部改正され、調査票にも新たな項目が加わりました。その結果、介護事業所・介護施設等を選ぶ時に必ず確認したい項目として、今回から介護サービス情報公表システムに新たに加わった**『身体的拘束等の廃止のための取組の状況』**と**『高齢者虐待防止のための取組の状況』**を見てみましょう。

どちらも「サービスの質の確保への取組み」タブにあります。

表の右端にある「チェック項目」覧に赤丸が入っていれば、各項目の内容に関する取組が行われていることになります。

身体的拘束等の廃止の取組の状況

(8) 身体的拘束等の廃止のための取組の状況	チェック項目
・身体的拘束等の廃止のための取組を行っている。	
身体的拘束等の廃止のための取組に関する事業所の理念、方針等が記載された文書がある。	○
身体的拘束等の廃止のための取組に関するマニュアル等がある。	○
身体的拘束等の廃止のための取組に関する研修を、従事者だけでなく、管理者も受講している記録がある。	○
・やむを得ず身体的拘束等を行う場合には、利用者又はその家族に説明し、同意を得ている。	
身体的拘束等を行う場合の同意を得るための文書の同意欄に、利用者又はその家族の署名等がある。	○
・やむを得ず身体的拘束等を行う場合には、その実施経過及び理由を記録している。	
身体的拘束等の実施経過及び理由の記録がある。	○

高齢者虐待防止のための取組の状況

(14) 高齢者虐待防止のための取組の状況	チェック項目
・高齢者虐待防止のための取組を行っている。	
市町村の高齢者虐待相談・通報窓口や虐待発生時の対応方法等が記載された高齢者虐待防止マニュアル等がある。	○
高齢者虐待防止検討委員会の構成員として、虐待防止の専門家等を活用していることが確認できる文書がある。	○
高齢者虐待防止研修を、従事者だけでなく、管理者も受講している記録がある。	○
高齢者虐待防止研修を企画し実施する職員を養成するための取組を行っている記録がある。	○

第6章

介護事業所・施設の実地見学のポイント

01 介護事業所訪問・施設見学の前にやっておくこと

質問項目を整理しチェックリストを作っておく

介護事業所を訪問・見学する

①事前に必ずホームページを閲覧

第5章（122ページ）で説明したように、事前に介護事業所や法人のホームページを数回閲覧して、経営者のあいさつや経営理念、運営方針などから事業所の雰囲気やイメージを想像してみましょう。

同時に、訪問時に管理者にどんな質問するか、決めておきましょう。

例えば、**「御社の社長さんはどうして介護事業を始められたのでしょうか」**など。

②介護サービス情報公表システムで確認

情報公表システムのサイトでも、公表内容に目を通しながら、訪問時の質問事項を考えましょう。

例えば、次のような質問はどうでしょうか。

①「事業所では、介護職員の研修を定期的に行っているようですが、どんな研修をやっていますか？」

また、デイサービスの場合には、

②「送迎中の送迎車が事故にあって利用者がけがをした場合の対応はどうなっていますか？」

訪問介護の場合なら、

③「こちらの都合で、サービスの日時を変更してもらうことはできますか？」など。

③チェックシートを作成

上記①②の結果から、質問する項目や確認項目をまとめます。他の類書などには、チェックリストなどが掲載されていますが、疑問点や確認しておきたい項目は、独自の視点で考えましょう。

左図は居宅介護支援事業所を例に作成しました。

居宅介護支援事業所訪問時チェックシート

	チェック項目	チェック欄
事前情報	事業所訪問日時	年　月　日(　)　時　分
	介護事業所名	名称
	対応者氏名・職位	氏名　職位
	事業所を運営する法人名	法人名　代表者氏名
	運営に関する方針・理念	
事前調査情報	人員の確認	□ ケアマネジャー数　名 □ （うち主任ケアマネジャー数）　名
	介護報酬の加算取得状況	
	特定事業所加算の取得有無を重視 入院時情報連携加算、退院退所加算を取得している事業所は医療連携が期待できる 緊急時等居宅カンファレンス加算、ターミナルケアマネジメント加算を取得している事業所は重度者への対応が期待できる	□ 特定事業所加算　（Ⅰ・Ⅱ・Ⅲ・A） □ 入院時情報連携加算　（Ⅰ・Ⅱ） □ 退院・退所加算（Ⅰ）イ・（Ⅰ）ロ □ 退院・退所加算（Ⅱ）イ・（Ⅱ）ロ □ 退院・退所加算（Ⅲ） □ 緊急時等居宅カンファレンス加算 □ ターミナルケアマネジメント加算 □ 通院時情報連携加算
訪問時チェック項目	事業所内の掲示物 これらの掲示物は、事前にホームページを閲覧し確認できる場合もあります。	□ １．指定通知書（または指定更新通知書） □ ２．運営規定 □ ３．個人情報保護方針 □ ４．個人情報の利用目的 □ ５．重要事項説明書 □ ６．サービス契約書
	質問事項 1～3は必ず質問しましょう。 1. の質問の意図は、サービス担当者会議の出席者を確認します。 2. の質問意図は、サービス担当者会議がどのような目的で開催されるかを確認します。 3. の質問の意図は、希望するサービスを複数紹介できることを確認します。 4. 介護事業所は、業務継続計画を作成しなければならないことになっています。 5. 年々増え続けている虐待事案について、従業者に対する研修等を実施しているか確認します。	□ １．サービス担当者会議に出席するのは誰ですか？ □ ２．サービス担当者会議では何を話し合うのですか？ □ ３．デイサービスに行きたいので、私に合いそうなデイサービスをいくつか見学できますか？ □ ４．業務継続計画を作成していますか？ □ ５．高齢者虐待防止のための研修を実施していますか？ □ ６． □ ７．

訪問介護事業所訪問時チェックシート

	チェック項目	チェック欄
事前情報	事業所訪問日時	年　　月　　日（　　）　時　　分
	介護事業所名	名称
	対応者氏名・職位	氏名　　　　職位
	事業所を運営する法人名	法人名　　　　代表者氏名
	運営に関する方針・理念	
事前調査情報	人員の確認	□ サービス提供責任者数　　名 □ 訪問介護員（ホームヘルパー）数　　名
	介護報酬の加算取得状況	
	特定事業所加算のいずれかを取得している事業所のサービスの質に期待 緊急時訪問介護加算取得の事業所なら、独居でも安心 生活機能向上連携加算取得の事業所は少ないが、要介護度の改善が期待できる	□ 特定事業所加算　（Ⅰ）※体制要件、人材要件及び重度対応要件に適合 □ 特定事業所加算　（Ⅱ）※体制要件及び人材要件に適合 □ 特定事業所加算　（Ⅲ）※体制要件及び重度対応要件に適合 □ 特定事業所加算　（Ⅳ）※体制要件及び重度対応要件に適合 □ 特定事業所加算　（Ⅴ） □ 緊急時訪問介護加算 □ 生活機能向上連携加算（Ⅰ・Ⅱ） □ 認知症専門ケア加算 □ 介護職員処遇改善加算 □ 頻回の20分未満の身体介護の実施※「あり」の場合は☑
訪問時チェック項目	事業所内の掲示物 これらの掲示物は、事前にホームページを閲覧し確認できる場合もあります。	□ 1．指定通知書（または指定更新通知書） □ 2．運営規定 □ 3．個人情報保護方針 □ 4．個人情報の利用目的 □ 5．重要事項説明書 □ 6．サービス契約書
	質問事項 1～3は必ず質問しましょう。 1．の質問意図は、介護福祉士資格の訪問介護員が全体の何割くらいか確認します。 2．の質問意図は、身体介護の比率が高いことを確認します。 3．の質問意図は、利用者の重度化防止や自立支援についてわかりやすく説明できることを確認します。 4．介護事業所は、業務継続計画を作成しなければならないことになっています。 5．年々増え続けている虐待事案について、従業者に対する研修等を実施しているか確認します。	□ 1．ヘルパーさんは介護福祉士の資格をもっているのですか？ □ 2．生活援助と身体介護のサービスの比率はどのくらいですか？ □ 3．やってほしいことは、何でもヘルパーさんにお願いできますか？ □ 4．業務継続計画を作成していますか？ □ 5．高齢者虐待防止のための研修を実施していますか？ □ 6． □ 7．

①「ホームページに看取りやターミナルケアと書いてありますが、具体的には、どのようなことをされていますか」
②「多床室と個室のメリットとデメリットを具体的に教えてください」

など、考えるといろいろと疑問が湧いてきます。優先順位を決めて、チェックリストを作りましょう。

また、公益社団法人全国有料老人ホーム協会のホームページに、次のページのような「**ホーム選びのチェックリスト**」が掲載されていますので、参考にしてください。

介護施設を見学する

①必ず事前にホームページを閲覧

１２７ページで解説したように、特別養護老人ホームには、ホームページに必ず前年度の事業報告や収支計算書などが掲載されていますので、最初に内容を確認しましょう。同時に当年度の事業計画や収支計画なども閲覧できます。社会福祉法人の理事長、有料老人ホームであれば、運営会社の代表者のあいさつ、施設運営の方針などを必ず確認します。

同時に、見学時に施設長やホーム長にどのような質問をするか、決めておきましょう。

②介護サービス情報公表システムで確認

情報公表システムのサイトでも、一通り目を通して、人員配置、夜勤体制、施設と地域との関係、連携病院なども確認しましょう。入所者（入居者）の退所、退居の理由やその数なども見ておきましょう。

③チェックリストを作成

上記①②の結果から、質問する項目や確認すべき項目をまとめましょう。

	項　目	チェック欄
健康管理・介護サービス	健康診断	年　　回　　　　費用：
	健康相談	回／週・月　　費用：
	医療機関との協力関係・内容・規模	病院名：　　　　規模：　　床　　診療科目： 協力内容：
	歯科医療機関との協力関係・内容・規模	病院名：　　　　規模：　　床　　診療科目： 協力内容：
	病院への送迎・付き添いの可否	協力医療機関　　対応可（週　　回、費用：　　　円） 対応不可
		その他の医療機関　　対応可（週　　回、費用：　　　円） 対応不可
	介護度の変化による居室の移動の有無	有り（費用等の調整　有り・無し）・無し
	介護サービスを提供する職員体制	介護職員：　　人、看護職員：　　人、夜間：　　人
	終末介護や看取りへの対応	対応可（内容：　　　　　　　　） 対応不可
食事サービス	食事メニュー	メニュー：固定・選択制、味：良・普・悪、量：少・普・多
	食事予約方法	要（　　日前までに連絡）・不要
	食事取消方法	要（　　日前までに連絡）・不要
	来客向け食事サービス	有り（1食　　　円、　　日前までに予約）・無し
	病気時や治療食への対応・費用	対応可（追加料金　　　円）内容： 対応不可
生活支援サービス	フロントサービスの内容 （例：宅配便預り、新聞・郵便等の受取等）	
	居室の清掃	提供方法：　　　　回数：週　　回　　費用：
	洗濯	提供方法：　　　　回数：週　　回　　費用：
	各種行事	種類：　　　参加方法：　　　参加費用：
	入院した場合の対応	協力医療機関　内容：　　　　費用： その他の医療機関　内容：　　　　費用： 入院中のサービス　内容：
	葬儀・埋葬	対応可：（ホーム内葬儀　費用等） （葬儀業者の手配　手数料等） 対応不可
	その他のサービス	内容： 提供方法：　　　回数：1日　　回まで　　費用：
契約	前払金の保全措置	有り（内容：　　　　　　）・無し
	短期解約特例（入居後3月以内の契約終了） （前払金の全額返還）	有り（入居後　　日前に申し出） 利用料の算出方法：
	設置者（事業主体）からの契約解除内容 （例：他の入居者への迷惑行為等）	
	原状回復についての記載の有無、内容	
	外部の家族等との連絡体制	緊急連絡方法：　　　、会報（　　　回／週・月・年）
自由記述		

出所：公益社団法人全国有料老人ホーム協会（http://www.yurokyo.or.jp）

ホーム選びのチェックリスト

ホーム選びのチェックリスト

	項目	チェック欄
基本事項等	ホーム名　<見学日>	名称：　<　年　月　日>
	設置者（事業主体）	名称：
	類型	介護付（一般）・介護付（外部）・住宅型・健康型
	運営に関する方針	
立地	最寄り駅からホームまでの距離 （バスの便） （タクシー等）	徒歩：　分（　駅から　km）、バス：　分（バス停から　分） バス停の有無：有・無、バスの本数：時間に　本 車（タクシー）：　分　最寄駅のタクシーの数：多い・少ない
	周辺の環境・利便性（例：商店街あり・住宅街等）	
	送迎バスの有無・頻度	有り：（行先：　頻度：　本／時・日・週・月） 無し
費用	前払金（家賃・サービス費用等）	費用　円 ／ 内容
	償却期間（想定居住期間）・償却開始日	期間：　月・年（初期償却　%）、開始日：　年　月　日
	月額費用（管理費）	費用：　円 ／ 内容
	（食費）	費用：　円 （朝食　円・昼食　円・夕食　円）×　日
	（介護費）	費用：　円 ／ 内容
	（家賃）	費用：　円 ／ 内容
	（その他）	費用：　円 ／ 内容
	入居費用や月額費用に含まれない個別有料サービス（例：協力病院以外への付添、光熱水費等）	費用：　円 ／ 内容
雰囲気	規模	全室　一般居室　室（内親族用個室　室） 介護居室　室（内個室　室・相部屋　室）
	入居者数・入居者の状況	年　月現在：　名（自立：　名、要支援：　名、要介護：　名）、入居率：　%
	スタッフの人柄（女性が多い、笑顔が多い等）	
	入居者の雰囲気（静か、落ち着いた感じ等）	
居室	広さ、間取り	広さ：　㎡～　㎡、間取り：
	設備（台所・浴室の有無等）・備品	トイレ・浴室・電話回線・テレビ回線・インターネット回線・介護ベッド 収納・洗面台・台所・洗濯機置場・その他（　）
	緊急コール・インターホン	緊急コール・インターホン
共用施設	食堂（利用時間等）	有り：朝　時　分～、昼　時　分～、夜　時　分～ 無し
	大浴場（利用時間等）	有り（　時　分～　）・無し
	娯楽・集会室等	娯楽室・AVルーム・図書室・集会室・その他（　）

02

入所（居）者や職員の会話・表情もさりげなく見る

介護施設の見学は平日午前10時30分が最適

新型コロナの流行から5年経ちましたが、今も終息したわけではありません。当然、見学は難しいだろうと諦めてしまうのが現状です。しかし、何も知らないままでは不安です。施設によっては、ホームページなどで施設内を写真や動画で紹介したり、オンラインで施設内を案内したり、できる限り実際の見学に近い対応を行っている場合もあるでしょう。

そこで、施設に訪問見学に代わる方法があるかどうか相談しましょう。こうした状況下でも、あらゆる相談に柔軟に応じる姿勢が感じられるかどうかも施設選びのポイントになります。

①エントランスに入って臭気をチェック

筆者は、調査のために13年間で60カ所余りの特別養護老人ホームや介護老人保健施設、介護付き有料老人ホームなどを訪問していますが、施設やホームの玄関を入って最初に感じるのは**臭い**です。

●第一印象は臭いで決まる

ただし、数分でその臭気に慣れてしまいますので、建物に入った瞬間に感じ取るようにしています。見学中でもフロアによって、独特の臭気が漂っていることもあります。

その臭いの元は、厨房の料理の臭いやトイレの臭い、浴室の臭い、大量に洗濯している洗剤などの臭いが混ざり合っている場合が多く、人によっては気が付かず、気にならないこともあります。臭気は施設内の衛生管理や安全管理に関係しているので、１つの尺度として覚えておきましょう。

ある時、訪問した施設の事務長さんが、「この施設は臭いがありません」と豪語しました。確かに全く臭いを感じなかったのを記憶しています。

「在宅と同じような居心地のよいホーム」とか、「アットホームな雰囲気の毎日」などと、パンフレットやホームページに書かれていると、臭いなどないだろうと思ってしまいますが、脱臭や消臭にも配慮している施設やホームもあります。

●全体的に清潔感があるか

次に大切なチェックポイントは**清潔感**です。特養ホームや老健施設などは建物の規模が大きく、外部の清掃会社が定期的に入っているようですが、日々の掃除は介護職員やパート従業員が行っています。

筆者は、調査業務で訪問した施設、ホームでは、滞在時間が長くなるので、トイレに入ります。トイレ内の清掃状態は、施設、ホームの差がはっきりと分かれます。

②玄関横の事務室のスタッフを見る

特別養護老人ホームや介護老人保健施設は、玄関ドアが開くと中にもう１つドアがあり、スリッパに履き替える場所があります。その前方か左右どちらかに事務室があり、事務職員が数名います。

●スタッフ全員が来訪者に気付くか？

ドアが開いて来訪者が入ると、事務職員が全員、「いらっしゃいませ」と言って、来訪者に注目する特養ホームや老健施設があります。施設内を見学中に、すれ違う介護職員たちが、「こんにちは」と言って、軽く会釈します。

一方、来訪者の対応には、窓口に近い事務職員がひとりで担当している施設もあります。

また、事前に施設見学を約束している場合には、対応する事務職員が来訪者の名前や見学に来る時間も聞いていて、「こんにちは、〇〇様ですね。お待ちしておりました」などとあいさつする施設もあります。施設内で情報共有ができているかどうかは、こんなちょっとしたことでもわかります。

③入所（居）者の入浴は午前中から始まる

特養ホームや老健施設、介護付き有料老人ホームでは、入所（居）者の入浴が週に2回程度あり、午前中から始まります。

●浴室へ向かう入所者・湯上りの入所者

10時30分頃は、介護職員が午前に入浴する入所（居）者を順番に居室から浴室に移動させています。車椅子が廊下を行き交う時間帯です。

浴室に向かう入所（居）者に介護職員は、どんな声かけをしているでしょうか。また、湯上りの入所（居）者に介護職員は、どんな声かけをしながら、

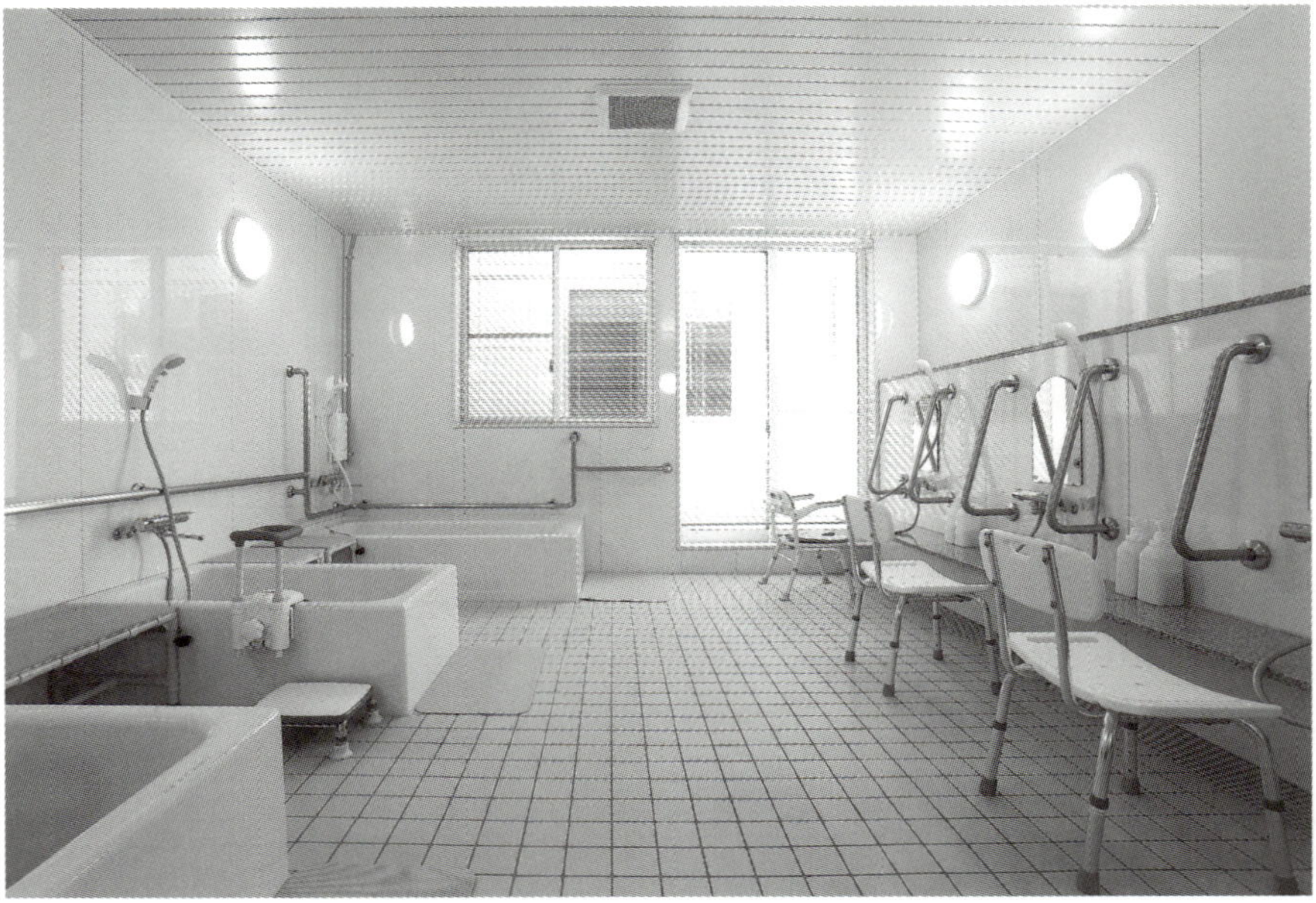

居室に移動しているのでしょうか。

介護職員は、居室と浴室を往復する入所（居）者を、モノを運ぶように無言で車椅子を動かしているのでしょうか。

④認知症の入所者のフロアを見る

ユニット型特養ホームの場合は、10の居室がリビングを取り囲むように並んでいます。

●居室・居間・共有スペースで過ごす人の表情

認知症のユニットでは、日中にリビングに10人中何人の入所者がいるでしょうか。筆者が、ある特養ホームに調査で訪問した時に、複数のユニットで、広いリビングに１人か２人しかいない光景を見ました。別の特養ホームでは、10人中７、８人の入所者がリビングにいて、思い思いに過ごしていました。

この違いは何か、ある施設長が教えてくれました。介護職員が意図的に入所者を部屋から誘い出して、リビングで過ごせるように支援しているそうです。

これは、１日の生活のリズムを整え、夜眠れるようにするためでもあり、１人ひとりの日中の過ごし

方があることで、入所者の意欲を引き出そうとしているそうです。

⑤12時前には昼食が始まる

施設やホームの昼食が始まる時間は、11時30分から45分ころになります。

●昼食時の状況を見る

入所（居）者の状態によって、食事する場所が異なります。ユニット型特養ホームでは、リビングに入所者が集まっていっしょに食事します。寝たきりの入所者は、自室で介護職員に食事を介助してもらいます。

リビングや食堂では、昼食中の入所（居）者の表情はどうでしょうか。介護職員が食事を介助している時に、入所（居）者にどのように声をかけているのでしょうか。意識して聞いていると、聞こえてきます。

⑥介護職員間の会話に耳を傾ける

ユニット型特養ホームには、ユニットごとにユニットリーダーという現場の責任者がいます。また、多床室の多い老健施設などには、フロアごとにフロア長やグループリーダーなどの現場責任者がいます。

施設やホームでは、24時間３６５日、入所（居）者の日常生活の世話や介護をしている介護職員は交代制の勤務です。介護職員の勤務状況を把握し日々の業務の調整や指示をしているのが、**ユニットリーダーやフロア長、グループリーダー**です。

施設内を見学しながら耳にする声

彼らが介護職員に指示する声かけや業務連絡などは、施設やホームを見学していると、必ず耳にします。この時の介護職員間の会話の仕方や内容が介護サービスの質に大きく関係しており、その施設やホームの質が想像できます。（１２８ページ）。

⑦施設長（ホーム長）にあいさつして名刺をもらう

事前に、施設やホームの見学を予約している場合には、当日訪問した時に施設長やホーム長が直接案内するか、最初にあいさつするだけで案内係に館内を案内させるかは、施設、ホームにより異なります。

施設には事務長と言われる人が施設の案内や説明をする場合もあります。

訪問直後または見学終了後にあいさつ

訪問直後に必ず施設長やホーム長が応対し、あいさつと同時に**名刺**を受け取ります。あいさつの仕方や名刺の出し方も意識して観察してみると、施設ごとに差があります。ビジネスマナーの善し悪しだけでなく、施設やホームの顔である存在感が感じられる施設長、ホーム長がいます。

それは、「この施設は、私が責任をもって管理しています。どうぞ、安心してご検討ください」という自信や自負が窺える施設長、ホーム長です。

⑧居室もしっかりチェックする

居室は、**個室**と**多床室**があります。どちらも日中の日当たりの状態が気になります。午前11時頃から午後2時頃までの居室の日当たりを確認しましょう。

できるだけ、晴れている日に見学したいところですが、見学日が雨の時は、案内係の方に日当たりの具合を聞きましょう。居間や共有スペースも同じです。３階建などの建物が多いので、各階ごとに確認しておきましょう。

03

ホームページやパンフレットと比べてみる

ホームページではわからない雰囲気や様子を見学する

ホームページと比較してみる

本書を執筆している途中、実際に読者の立場になって、特養ホームなどのホームページを閲覧していたら、気になる特徴を見つけました。それは、「**機能訓練ができる特別養護老人ホーム**」と、謳っている比較的新しいユニット型特養ホームです。さらに、下の図のように書かれています。

『機能訓練ができる…』と謳っているからには、それなりの自信があるのではないかと思い、見学しました。

ホームページにある通り、入所者の生活機能の改善に注力している様子が垣間見えました。左の写真は、**機能回復訓練室**ですが、施設では「トレーニングルーム」と呼んでいます。

機能回復訓練室について

来夢の里では、特別養護老人ホームには珍しく、生活の質（QOL）と日常生活動作（ADL）の向上を目指し、「日常生活機能訓練」を行っています。身体が元気になると、気持ちが前向きになり活力が生まれます。ご入居者には、身体機能の維持と回復に加え、トレーニングを通じた仲間との交流によって、幸福感や生きがいを感じ、終の住処となるここでの日々を張りがあるものにしていただきたいと思っています。介護士・看護師・ケアマネジャーをはじめ、理学療法士・フィットネストレーナーが一体となり、「本気・本腰・本物」のサービスを提供いたします。

出所：特別養護老人ホーム来夢の里（横浜市戸塚区）

広い機能回復訓練室

ホームページの写真は本当か？

ホームページに入所（居）者の日常生活の様子を写真で紹介している施設やホームがあります。実際に行ってみると、ホームページのイメージとは違う雰囲気を感じることがあります。

入所（居）者の笑顔の写真をたくさん集めてホームページに掲載されていると、穏やかな日常生活を想像します。本当に笑顔が絶えない施設やホームなのか、よく見ておきたいものです。

●施設やホームには備蓄庫がある

特養ホームや老健施設には、必ず**非常災害時のための食糧その他の生活物資を備蓄**しています。備蓄庫などに一定量の物資を備蓄することが定められているからです。

見学時には、どんなものを備蓄しているか、見せてもらいましょう。備蓄物資の管理が行き届いている施設やホームなら、わかりやすく説明してくれるでしょう。

増加する一人暮らしの高齢者

内閣府による『令和６年版高齢社会白書』によると、日本の総人口は、令和５年10月１日現在、１億2,435万人で、65歳以上人口は3,623万人となり総人口に占める割合（高齢化率）は29.1％となっています。さらに団塊の世代が75歳以上となる令和７年には3,653万人に達すると見込まれています。

また、65歳以上の一人暮らしの者は男女ともに増加傾向にあり、昭和55年には65歳以上の男女それぞれの人口に占める割合は男性4.3％、女性11.2％でしたが、令和２年には男性15.0％、女性22.1％となり、令和32年には男性26.1％、女性29.3％となると見込まれています。

65歳以上の一人暮らしの者の動向

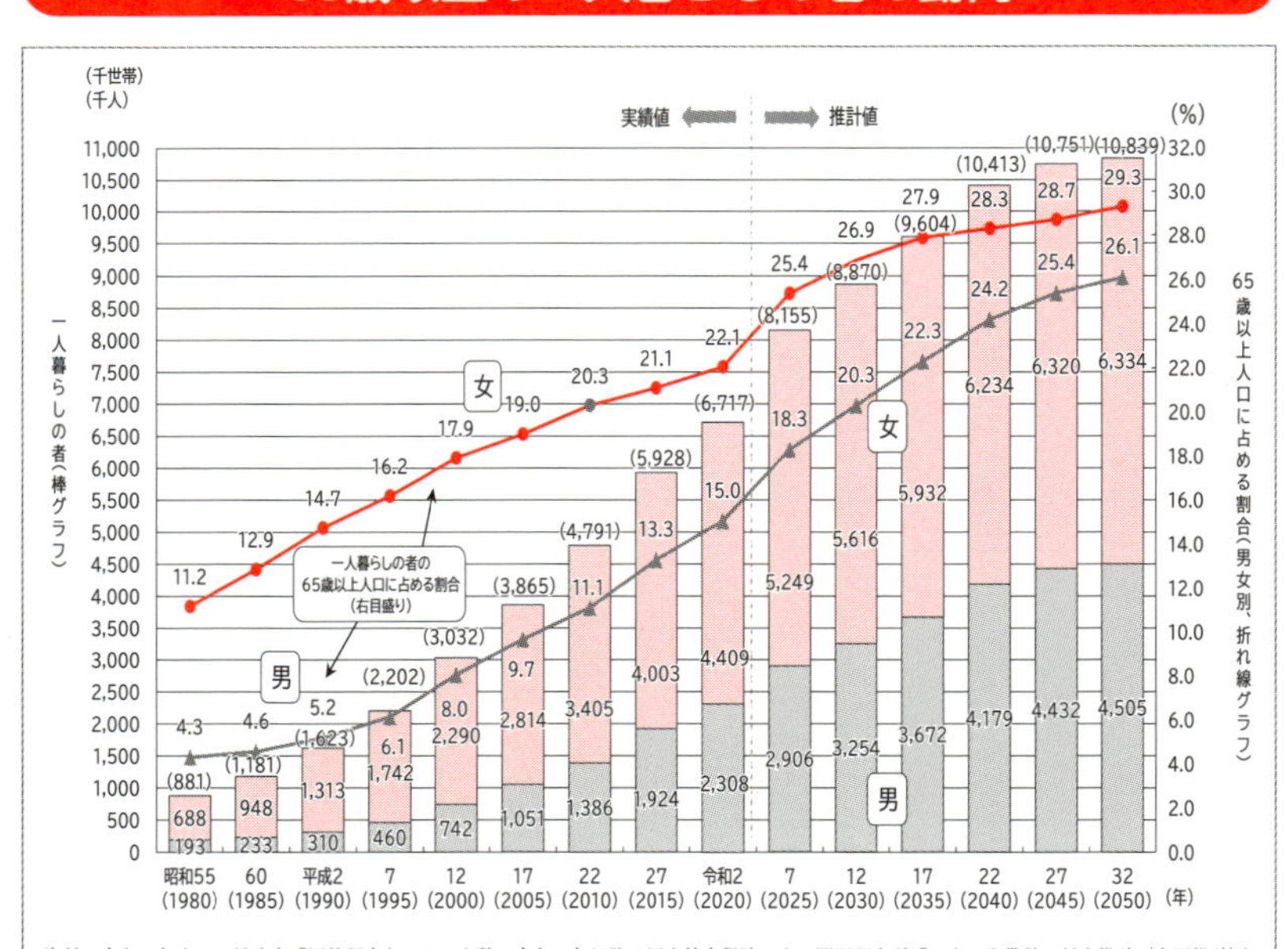

資料：令和２年までは総務省「国勢調査」による人数、令和７年以降は国立社会保障・人口問題研究所「日本の世帯数の将来推計（全国推計）」（令和６（2024）年推計）による世帯数

（注1）「一人暮らし」とは、上記の調査・推計における「単独世帯」又は「一般世帯（１人）」のことを指す。

（注2）棒グラフ上の（　）内は65歳以上の一人暮らしの者の男女計

（注3）四捨五入のため合計は必ずしも一致しない。

出所：「令和６年版高齢社会白書」

第7章

契約する時の書類チェックと確認点

01

重要事項説明書は必ず読んで十分な説明を受ける

事業者には説明義務があり、利用者の理解と同意が求められる

冒頭にこんなことが書いてある

訪問介護事業所やデイサービスの管理者、特養ホームや老健施設などの生活相談員などは、契約前に必ず重要事項説明書を利用・入所申込者に説明しなければなりません。

しかし、多くの申込者やその家族は、「そんな難しいことを聞いてもわからないから、説明しなくてもいいですよ。ハンコはどこに押せばいいですか。」と言って、重要事項の説明を聞かずに、同意の署名捺印をすることがあります。

管理者や生活相談員も、「そうですね。こんな難しい説明をお聞きになってもわかりませんよね。」と言って、ほとんど説明しない場合があります。

ところが、重要事項説明書の冒頭には、左図の①のように記載されていたりします。また重要事項説明書については、国の基準や保険者である市区町村により定められている条令により、事業者に説明する義務があると明確に規定しています。

利用者側も内容の理解が求められる

さらに②のような記載もあります。入所申込者はその説明を聞いて理解しておく必要があるとされているのです。

そのためには、介護事業者側の説明者に、十分なわかりやすい説明力がなければなりません。

ところが筆者は、この難解な条文をわかりやすく説明できる管理者や生活相談員が少ないように感じています。なお、できれば事前に事業者のホームページで掲示する**重要事項説明書**を閲覧しましょう。

こんな状態は後々のトラブルの元

重要事項説明書の冒頭部分の例

1

あなた（またはあなたの家族）が入所しようと考えている指定介護老人福祉施設について、契約を締結する前に知っておいていただきたい内容を説明いたします。わからないこと、わかりにくいことがあれば、遠慮なく質問をしてください。

2

この「重要事項説明書」は、「○○市指定介護老人福祉施設の指定並びに人員、設備及び運営に関する基準を定める条例（平成△△年○○市条例第00号）」の規定に基づき、指定介護老人福祉施設サービス提供の契約締結に際して、ご注意いただきたいことを説明するものです。

出所：大阪府枚方市「指定介護老人福祉施設　モデル重要事項説明書」

02 重要事項説明書の主な項目と内容

不明点・疑問点が解消されるまで遠慮なく質問する

施設が提示する重要事項説明書は、すべての介護保険サービスに共通する項目であり、大きな違いはありません。

次に紹介する例（大阪府枚方市「介護老人福祉施設・モデル重要事項説明書」を抜粋）は、18項目と比較的詳細に掲げています。

中でも、特に重要な項目がいくつかあります。

特にチェックすべき主な項目

項目1～3については、念のため、事前の情報と相違はないことを確認します。

「4　利用料、入所者負担額（介護保険を適用する場合）その他の費用の請求及び支払い方法について」

利用料、入所者負担額（介護保険を適用する場合）、その他の費用の請求方法等及び支払い方法等について、その期日などが記載されています。

「5　入退所等に当たっての留意事項」

入所時だけでなく退所時についての留意すべき事項がありますので、必ず確認しておきましょう。

「6　衛生管理等について」

食中毒や感染症の発生を防止するための措置等や、発生した場合のまん延を防止する対策について記載されています。

施設では、感染症及び食中毒の予防及びまん延防止のための対策を検討する委員会を開催したり、「施設における感染症及び食中毒の予防及びまん延防止のための指針」を整備したりしており、施設担当者に、詳細について必ず説明を受けましょう。

「7　業務継続計画の策定等について」

施設では、新型コロナのような感染症や非常災害

重要事項説明書（入所施設）の項目例

重要事項説明書

1　介護老人福祉施設サービスを提供する事業者について
2　入所者に対してのサービス提供を実施する施設について
(1)施設の所在地等　(2)事業の目的及び運営の方針　(3)施設概要
(4)サービス提供時間、利用定員　(5)職員体制
3　提供するサービスの内容及び費用について
(1)提供するサービスの内容について　(2)利用料金　(3)加算料金
(4)その他の料金
4　利用料、入所者負担額（介護保険を適用する場合）その他の費用の請求及び支払い方法について
5　入退所等に当たっての留意事項
6　衛生管理等について
7　業務継続計画の策定等について
8　緊急時等における対応方法
9　事故発生時の対応方法について
10　非常災害対策
11　サービス提供に関する相談、苦情について
12　秘密の保持と個人情報の保護について
13　虐待の防止について
14　身体的拘束等について
15　入所者の安全並びに介護サービスの質の確保等
16　サービス提供の記録
17　サービスの第三者評価の実施状況について
18　指定介護老人福祉施設の見積もりについて
19　重要事項説明の年月日

（出所：大阪府枚方市HP　https://www.city.hirakata.osaka.jpから全文をダウンロードできます）。

の発生時でも、入所者に対する施設サービスの提供を継続するためや、非常時の体制で早期に業務再開を図るための計画（業務継続計画）を策定していま す。業務継続計画の策定については、すべての介護保険事業者に義務づけられています。

また、介護事業所、介護施設に従事する介護職員などの全従業者に計画を周知することも求められていますので、施設担当者から業務継続計画の概要について説明を受けましょう。

その他の項目

施設生活で、もっとも気になる事故の発生等の緊急時の対応や非常災害時の避難方法などについては、**「8　緊急時等における対応方法」**や**「9　事故発生時の対応方法について」「10　非常災害対策」**にありますが、内容が複雑でわかり難い場合には、施設担当者にわかりやすい説明を求めましょう。

なお、事故や急病時の対応と連携医療機関については、後述します。介護保険制度では、要介護高齢者が社会的弱者であることを前提にしていることから、介護事業所や介護施設には相談・苦情受付窓口の設置を義務付けています。

施設担当者から**「11　サービス提供に関する相談、苦情について」**の説明と具体的な苦情等の事例なども聞いてみましょう。

個人情報の取り扱いについて、どのように管理されているのか、**「12　秘密の保持と個人情報の保護について」**の説明を聞き、具体的な個人情報の管理方法やプライバシー保護の取り組み状況などを確認しましょう。

「13　虐待の防止について」「14　身体的拘束等について」の2項目は、重要事項説明書の中でも極めて重要です。また**「15　入所者の安全並びに介護サービスの質の確保等」**は、令和6年度の追加項目です。

特養ホームに限らず、施設系サービス、居住系サービスでは、入所（入居）者に対する虐待や身体的拘束による痛ましい事件が後を絶ちません。施設を運営する法人が積極的に虐待防止に取り組んでいるか、身体的拘束禁止について徹底できているか、施設担当者の説明を詳しく聞く必要があります。

虐待の防止と身体的拘束等に関する条項例

13　虐待の防止について

事業者は、入所者等の人権の擁護・虐待の発生又はその再発を防止するために、次に掲げるとおり必要な措置を講じます。

(1)　虐待防止に関する担当者を選定しています。

(2)　成年後見制度の利用を支援します。

(3)　従業者が支援にあたっての悩みや苦悩を相談できる体制を整えるほか、従業者が入所者等の権利擁護に取り組める環境の整備に努めます。

(4)　虐待防止のための対策を検討する委員会を定期的に開催し、その結果について従業者に周知徹底を図っています。

(5)　虐待防止のための指針の整備をしています。

(6)　従業者に対して、虐待を防止するための定期的な研修を実施しています。

(7)　サービス提供中に、当該施設従業者又は養護者(現に養護している家族・親族・同居人等）による虐待を受けたと思われる入所者を発見した場合は、速やかに、これを市町村に通報します。

14　身体的拘束等について

事業者は、原則として入所者に対して身体的拘束等を行いません。ただし、自傷他害等のおそれがある場合など、入所者本人または他人の生命・身体に対して危険が及ぶことが考えられ、以下の(1)〜(3)の要件をすべて満たすときは、入所者に対して説明し同意を得た上で、必要最小限の範囲内で身体的拘束等を行うことがあります。その場合は、態様及び時間、入所者の心身の状況、緊急やむを得ない理由、経過観察並びに検討内容について記録し、５年間保存します。

また事業者として、身体的拘束等をなくしていくための取り組みを積極的に行います。

(1)　切迫性……直ちに身体的拘束等を行わなければ、入所者本人または他人の生命・身体に危険が及ぶことが考えられる場合。

(2)　非代替性……身体的拘束等以外に、代替する介護方法がない場合。

(3)　一時性……入所者本人または他人の生命・身体に対して危険が及ぶことがなくなれば、直ちに身体的拘束等を解く場合。

15　入所者の安全並びに介護サービスの質の確保等

出所：大阪府枚方市「介護老人福祉施設 モデル重要事項説明書」

03 契約書の主な項目と内容

利用料金・契約の更新と解除・損害賠償など

入居（入所）契約書をチェック

介護保険のサービスを利用する際は、入居（入所）申込者やサービス利用申込者は必ず、契約前にサービス事業所や施設側から重要事項説明書の内容について説明を受け、その内容に同意し、2通の重要事項説明書に署名捺印の上、1通が交付されます。

事業者が提示した重要事項の内容に同意して、初めて契約を交わすことになります。

次のページは**入居（入所）契約書**の例ですが、条項を見ると重要事項説明書と重複する項目があります。それは契約上重要な項目であると理解しましょう。

契約書にあって重要事項説明書にはない条項については、契約時に施設の担当者から詳細な説明を受けましょう。

サービス提供までの流れ

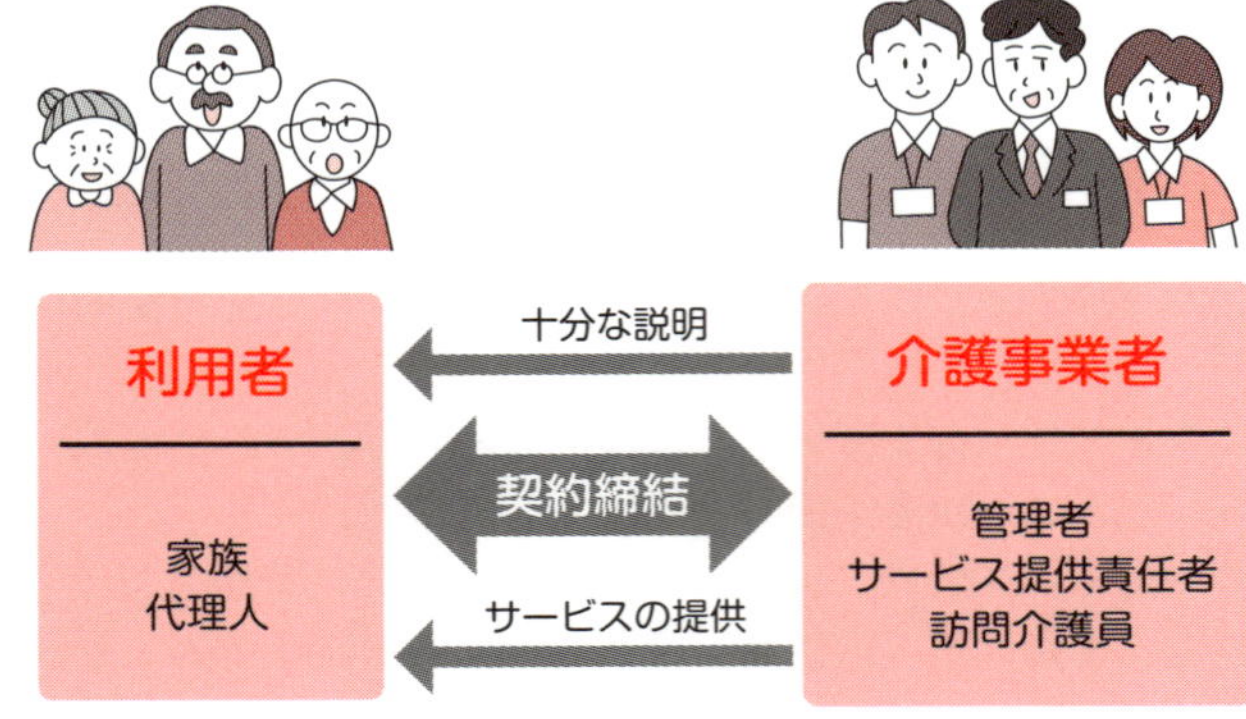

※事業者は法令に基づき、「重要事項説明書」を説明し同意を得て交付する。

介護老人福祉施設（特別養護老人ホーム）の契約書項目例

契約書

第１条　契約の目的
第２条　契約の有効期間
第３条　施設サービス計画の作成・変更
第４条　緊急時の対応
第５条　入院期間中の対応について
第６条　サービス提供の記録等
第７条　利用料及びその変更
第８条　利用料の支払い
第９条　利用料の滞納
第10条　その他の利用料の滞納
第11条　身体拘束の禁止
第12条　入居者からの解約
第13条　施設からの解約
第14条　事故時の対応等
第15条　秘密保持・個人情報の保護
第16条　損害賠償
第17条　苦情対応
第18条　代理人
第19条　裁判管轄
第20条　契約外事項
第21条　協議事項
第22条　適正運用

出所：特別養護老人ホーム　むさし村山苑（武蔵村山市）

特に、入居（所）者の身体的拘束等に関する条項や高齢者虐待防止などについては、少しでも不明な点があれば、担当者に質問しましょう（前述の重要事項説明書にも条項があります）。

利用料金について

重要事項説明書と契約書には、利用料金について詳細に記載しています。

施設やホームに入所・入居費用、自宅で介護サービスを利用する費用、どちらも年金収入だけの要介護高齢者にとっては非常に重要ですので、後でトラブルにならないよう家族や代理人などが同席することが望ましいです。

契約更新と契約解除（解約）について

契約はほとんどの場合、**自動更新**となりますが、「要介護認定期間と同じ期間とする」事業者がほとんどです。要介護認定が更新されることが前提ですから、原則的に契約更新のたびに更新手数料がかかることはありません。

契約の解除については、入居（所）者からの解約と施設からの解約があります。契約行為が双方平等の立場であることから、契約解除も両者に認めています。

次のページの入居者からの解約と施設からの解約をご覧ください。

現実的に起こりうると考えられるのは、入居者からの解約の第12条2⑵で、**守秘義務**に違反した場合などは不法行為に当たります。施設や介護事業者がどれほど熱心に、個人情報保護やプライバシー保護に取り組んでいるか、事前に十分に調べておきましょう。

また、施設からの契約解除権は、ほとんどの施設、ホームが重要視し、条項に盛り込んでいます。入居（所）者の心身の状況や病暦等を偽って契約した場合なども、契約解除の対象になりますので注意しましょう。

契約更新や解約に関する条項例

第２条（契約の有効期間）

1．本契約の契約期間は契約締結日から要介護認定有効期間の満了日までとします。ただし、契約期間満了日以前に入居者が要介護状態区分の更新認定を受け、要介護認定有効期間の満了日が更新された場合は、自動更新されるものとし更新後の要介護認定有効期間の満了日をもって契約期間の満了とします。

2．契約期間満了日の14日前までに、入居者又は入居者代理人から書面による契約終了の申し入れがない場合には、本契約は更に同じ条件で更新されるものとし、以後も同様とします。

3．本契約が自動更新された場合、更新後の契約期間は、期日経過の翌日から更新後の要介護認定有効期間の満了日とします。ただし、契約期間満了日以前に入居者が要介護状態区分の変更認定を受け、要介護認定有効期間の満了日が更新された場合、更新後の要介護認定有効期間の満了日をもって契約期間の満了日とします。

第12条（入居者からの解約）

1．入居者は施設に対し、退居希望日の30日前までに施設へ文書で通知することにより、この契約を解約することができます。この場合、施設は入居者に対し文書による確認を求めることができるものとします。
　ただし、入居者の病状の急変や急な入院等止むを得ない事情がある場合には、直ちにこの契約を解約できるものとします。

2．次の事由に該当した場合は、入居者は文書で通知することにより、直ちにこの契約を解約できるものとします。

(1)　施設が正当な理由なくサービスを提供しないとき。

(2)　施設が入居者及びその家族に対して社会通念を逸脱する行為を行ったとき。

第13条（施設からの解約）

施設は、次の場合において入居者及びその家族に対し、その理由を記載した文書を通知することにより、本契約を解約できるものとします。

①　入居者が要介護認定において非該当又は要支援と認定された場合。なお、平成27年４月以降に入居された方については、原則、要介護３以上の方が継続利用の対象となります。仮に要介護２以下と認定された場合、特例を除き所定の期間をもって退居していただくことになります。

②　入居者の著しい背信行為により、この契約を継続することが困難となった場合、１ヶ月の予告期間をおいて、理由を示した文書で通知します。

③　入居者の病状、心身状態等が著しく悪化し、当施設でのサービス提供では適さないと判断された場合。

④　やむを得ない事情により施設を縮小または閉鎖し、施設として適切な指定介護老人福祉施設サービスを提供することが困難となってしまった場合、１ヶ月の予告期間をおいて、理由を示した文書で通知します。

2．前項②、③の場合において、施設は速やかにその判断を入居者及びその家族に対し告げるものとし、入居者及びその家族は異議を述べる機会を与えられるものとします。

3．第１項の場合、施設は本人、家族、市区町村等の関係機関と協議し、入居者の日常生活を維持する見地から在宅サービスの提供、生活の場の確保について必要な調整を行うよう努めることとします。

出所：特別養護老人ホーム　むさし村山苑（武蔵村山市）

その他諸費用も確認すること

特別養護老人ホームや有料老人ホームなどでは、ホームごとにその他の費用が異なります。

施設やホームでは、介護保険サービス外のサービス利用も必要になります。左図は、有料老人ホームのその他費用のサービス項目の例です。このように詳細に表示されている一覧表などを配布しています。

特に気を付けたいのは、費用欄に「**実費**」とある場合です。例えば「交通費実費」とある場合には、利用する交通手段によって幅があります。入院介助や通院介助などに利用する交通手段などは、具体的におおよその費用例を確認しておきましょう。

以前は、デイサービスやデイケアなどでも「おむつ代、尿取りパット実費」などという表示があり、一体いくらなのかわからない例がありましたが、最近は見かけなくなりました。

結論的に言えば、費用欄に「実費」と表示されているサービス項目が複数ある場合は、事業者、施設側に十分な説明を求めましょう。

その他諸費用の例（有料老人ホーム）

	サービス項目	料金	利用条件等
生活サービス			
1	居室清掃	特定施設入居者生活介護費（介護保険）で実施するサービス（一部利用者負担額※）	週1回
2	リネン交換	特定施設入居者生活介護費（介護保険）で実施するサービス（一部利用者負担額※）	週1回
3	おむつ代	100円～／枚	
4	日常の洗濯	400円／回	洗濯機・乾燥機使用代金
	日常の洗濯	6,000円／月	業者洗濯代金
5	居室配膳・下膳	特定施設入居者生活介護費（介護保険）で実施するサービス（一部利用者負担額※）	食堂で食事ができない場合
6	理美容による理美容サービス	3,500円～／回	
7	買物代行	1,000円～／回	週1回指定日に実施
8	役所等の手続き代行	1,000円／時	
9	入退院時の同行	1,500円／時（市内の医療機関に限る）	利用者の全額負担
10	入院中の洗濯物・買物	1,000円～／回	
11	電話通話料	居室から外線を使用した場合の使用料	
12	NHK受信料	600円／月	
13	送迎サービス	1,000円／回	受診及び外出
介護サービス			
	サービス項目	料金	利用条件等
1	食事介助	特定施設入居者生活介護費（介護保険）で実施するサービス（一部利用者負担額※）	
2	排泄介助	特定施設入居者生活介護費（介護保険）で実施するサービス（一部利用者負担額※）	
3	入浴介助	特定施設入居者生活介護費（介護保険）で実施するサービス（一部利用者負担額※）	週2回
4	着替え・移動介助	特定施設入居者生活介護費（介護保険）で実施するサービス（一部利用者負担額※）	
5	機能訓練	特定施設入居者生活介護費（介護保険）で実施するサービス（一部利用者負担額※）	
6	通院介助（協力医療機関）	特定施設入居者生活介護費（介護保険）で実施するサービス（一部利用者負担額※）	
7	通院介助（協力医療機関以外）	1,500円／時（市内の医療機関に限る）	利用者の全額負担
健康管理サービス			
1	定期健康診断	診断費用実費	年2回
2	健康相談	特定施設入居者生活介護費（介護保険）で実施するサービス（一部利用者負担額※）	
3	生活指導・栄養指導	特定施設入居者生活介護費（介護保険）で実施するサービス（一部利用者負担額※）	
4	服薬支援	特定施設入居者生活介護費（介護保険）で実施するサービス（一部利用者負担額※）	

※利用者の所得等に応じた負担割合（1割、2割又は3割の利用者負担額）

資料提供：有料老人ホーム『デンマークINN小田原』

04

身元引受人がいない人はどうすればよいか

身元引受人（保証人）の性格と責任範囲を確認する

身元引受人とは？

施設、ホーム等では、入所（入居）者の家賃（部屋代）やその他費用の支払いについて、本人と一緒に責任をもって支払ってほしい、本人に何かあったらすぐに来てほしいという要望に応えられる人を、身元引受人として求めています。

経済的な面では、**身元保証人**と同じような役割を求められますが、病状の急変があれば、速やかに対応し、死亡した時には、入所（入居）者の**残置物を引き取って、撤去する義務**があります。

しかし、法律上の規定はなく、成年後見人のように財産の管理権はありません。あくまでも入所（入居）希望者が選定することになります。

したがって、成年後見人が身元引受人を兼ねることはできません。

身元引受人については、ほぼすべての施設、ホーム等で必要とされています。公益社団法人全国有料老人ホーム協会が各施設を対象に調査した結果でも、8割以上の有料老人ホームで必要だと回答しており、介護施設やホームの入所、入居を検討する段階では必ず身元引受人を探しておく必要があります。

しかし、高齢者の1人暮らしが増えている今日では、どうしても身元引受人が立てられない場合もあります。その時は、どうすればよいのでしょうか。

身元引受人なしでも入れる場合がある

介護施設やホームの選択肢が限られてしまいますが、1割強の施設、ホームでは、身元引受人がいなくても入所（入居）できる場合があります。探せば、

必ずあるということです。

また、身元引受人が必要と回答したホームでも、いない場合の「代替手段がある」と回答しているホームが４割ほどあるそうです。

身元引受人がいない入所希望者に対して「**家賃債務保証**」などの保証制度を提供する公的な団体や民間企業があり、これを利用して入居することもできます。こうした情報は、施設やホームのパンフレットなどの「入居に関する留意事項」「入居条件」などに詳しく書かれています。必ず確認しましょう。

その他の方法としては、最近増えている後見人制度を利用することです。任意後見人を身元引受人として認めている施設、ホームもありますので、探してみましょう。

下図の身元引受人についての説明をご覧ください。念のため、**入所（入居）契約書で身元引受人に求めている責任の範囲や対応すべき事柄を確認してください。**

なお、入所（入居）契約書には、身元引受人以外に**保証人**も必要とするものもあります。

身元引受人について

介護老人福祉施設等では、入所（入居）申込者に対して、契約時に身元引受人を求めることがあります。ただし、身元引受人を立てることができない事情や理由が相当であると認められる場合には、この限りではありません。

身元引受人は、以下の項目に対して責任を負うことになります。

1. 入所（入居）者が疾病等により、医療機関に入院した場合には、入退院の必要な手続きが円滑に行われるよう協力すること。
2. 契約が終了した場合には、施設等と連携して入所（入居）者の身体的状態等に見合った適切な受け入れ先の確保に協力すること。
3. 入所（入居）者が死亡した場合には、遺体及び遺留金品等を引き受け、その他必要な措置を速やかに講じること。

05

施設での事故や急病、緊急時の対応

連携医療機関や看取り介護の有無についても確認する

事故が発生した時の対応

前述の重要事項説明書に、「9　事故発生時の対応方法について」がありますので、ご覧ください。

事故が起きた場合についてては、『⑸施設は、入所者に対するサービスの提供により事故が発生した場合は速やかに市町村、入所者の家族に連絡を行うとともに必要な措置を講じます。』とありますが、「**必要な措置**」とは、具体的にどのような対応措置なのか、様々な事故が考えられます。

1つの例として、介護職員による移動介助中の入所者が転倒した場合に、そのけがの程度によって対応措置が異なります。明らかに骨折が疑われる場合には、直ちに病院に搬送します。軽い打撲程度なら施設にいる医師が診察し処置するか、近隣の提携医療機関で治療を受けます。

重要事項の説明時には、必ず説明担当者に**事故発生時の対応**について質問しましょう。これまでに実際に起きた事故の事例を挙げてもらい、どのように対応したか詳しく聞いておくことは大変重要です。

急病や緊急時の対応

急病時の対応についても、重要事項説明書に記載があります。「～入所者の病状の急変が生じた場合は、速やかに管理医師及びあらかじめ定めている協力医療機関へ連絡及び必要な措置を講じます。」とあります。ここでも、「**必要な措置**」という言葉がありますので、具体的な事例を聞きましょう。

例えば、病状が急変した入所者への対応の手順などを具体的な例を挙げて、説明してもらいます。

事故発生時や緊急時の対応に関する条項例

８　緊急時等における対応方法

施設において、サービス提供を行っている際に入所者の病状の急変が生じた場合は、速やかに管理医師及びあらかじめ定めている協力医療機関へ連絡及び必要な措置を講じます。入所中、医療を必要とする場合は、入所者及びその家族の希望により下記の協力医療機関 において、診察・入院・治療等を受けることができます。

ただし、下記の医療機関で優先的に治療等が受けられるものではありません。また、当該医療機関での治療等を義務付けるものでもありません。

【協力医療機関】 （医療機関名）	医療機関名 所 在 地 電話番号 FAX番号 受付時間 診 療 科

９　事故発生時の対応方法について

(1)　事故が発生した場合の対応について、(2)に規定する報告等の方法を定めた事故発生防止のための指針を整備します。

(2)　事故が発生した場合又はそれに至る危険性がある事態が生じた場合に、当該事実を報告し、その分析を通じた改善策についての研修を従業者に対し定期的に行います。

(3)　事故発生防止のための委員会及び従業者に対する研修を定期的に行います。

(4)　上記(1)～(3)の措置を適切に実施するための担当者を配置しています。

(5)　施設は、入所者に対するサービスの提供により事故が発生した場合は速やかに市町村、入所者の家族に連絡を行うとともに必要な措置を講じます。

(6)　施設は、前項の事故の状況及び事故に際して採った処置を記録します。

(7)　施設は、入所者に対するサービス提供により賠償すべき事故が発生した場合は、損害賠償を速やかに行います。

出所：大阪府枚方市「介護老人福祉施設　モデル重要事項説明書」

今後、特養ホームや有料老人ホームなどの介護施設には、病気を抱えた中重度の入所者、入居者が増えると想定されています。そのため、介護保険制度の見直しなどにより、特養ホームなどの医療的な対応の強化を進めています。最終的に特養ホームで最期を迎えることもあり、看取りやターミナルケア（老健施設等）の対応ができるようになっています。

特養ホーム等の看取りについて

筆者が複数の特養ホームの施設長に話を聞いた限りでは、最近の特養ホームの入所者の9割が医療機関や他の介護施設等からの入所だとのことで、自宅から直接入所することはほとんどないようです。

少なくとも入所者は何らかの疾病があります。それは病院での治療が終わり、病状が安定していても、いざ退院となっても自宅には帰れないという事情で施設に入所します。自宅に帰って介護サービスを利用しながら在宅生活を続けられる要介護者もいますが、取り巻く環境がそれを許さなければ、施設入所となります。

その後、入所中に治る見込みがない病気であると医師が判断すれば、本人や家族の了解のもと、施設では看取り介護を開始します。

重要事項説明書にも以下のような説明がありますので、参考にしてください。なお、一部看取り介護を実施しない施設もありますので、事前に調べておきましょう。

協力医療機関について

特養ホームや老健施設などの施設系も有料老人ホームも、必ず協力医療機関や協力歯科医療機関と契約や覚書などを交わしています。重要事項説明書には、**協力医療機関名や協力歯科医療機関名**が記載されていますので、確認しましょう（163ページ）。

また、入所（居）後に、これまでお世話になったかかりつけ医や主治医の受診ができない場合があります。入所（居）を検討する段階で、特養ホームや老健施設、有料老人ホームなどに事前に確認しましょう。

看取り介護について

今では、ほとんどの介護老人福祉施設（特養ホーム）で、看取り介護を行っています。看取り介護を行うことによって、介護報酬として「看取り介護加算（Ⅰ）（Ⅱ）」を算定しています。

重要事項説明書に記載された「看取り介護加算」の説明を見てみましょう。

> 看取り介護加算は、看取りに関する指針を定め、医師が一般的な医学的見地に基づき回復の見込みがないと診断した入所者に対して、多職種共同にて介護に係る計画を作成し、利用者又は家族の同意のもと、入所者がその人らしく生き、その人らしい最期を迎えられるように支援した場合に算定します。

出所：大阪府枚方市「介護老人福祉施設　モデル重要事項説明書」

2021年度に導入された「科学的介護」について

2021年度から介護保険の施設系サービスや通所系サービスに導入された「科学的介護」とは、どういうものか。導入する介護老人福祉施設（特養ホーム）が増え、介護報酬として「科学的介護推進体制加算」を算定しています。

重要事項説明書に記載された「科学的介護推進体制加算（Ⅰ）（Ⅱ）」の説明を見てみましょう。

> 科学的介護推進体制加算は、入所者ごとのADL値、栄養状態、口腔機能、認知症の状況等の基本的な情報を厚生労働省に提出し、その情報を施設サービスの適切かつ有効な提供に活用している場合に算定します。

出所：大阪府枚方市「介護老人福祉施設　モデル重要事項説明書」

06

代理人や成年後見人が本人に代わって契約する

要介護者が契約できない状態の時はどうするか

本人が契約できない場合は代理人も可

要介護者本人が契約できない状態には、様々なケースがあります。

契約書に署名、捺印ができない状態であれば、家族などが**代理人**として署名、捺印を代行します。これは、**本人があくまでも意思能力があることが前提**です。

しかし、問題になるのは意思能力がない状態の場合です。認知症などの症状があり、契約行為そのものを理解できず、判断能力がほとんどない状態であれば、単なる代理人や立会人ではなく、家庭裁判所による**成年後見人**の選任が必要になります。

基本的に認知症の人が何らかの契約を交わす場合には、成年後見人等が必要です。

成年後見制度の仕組み

区分		対象者	援助者	
法定後見	後見	判断能力が欠けているのが常態の人	成年後見人	監督人を選任することがある
	保佐	判断能力が著しく不十分な人	保佐人	
	補助	判断能力が不十分な人	補助人	
任意後見		本人の判断能力が不十分になった時に本人が予め結んでおいた任意後見契約に従って任意後見人が本人を援助する制度。家庭裁判所が任意後見監督人を選任した時から、その契約の効力が生じる。		

出所：裁判所HP

成年後見人等が必要な場合の契約書

ある契約書のひな型には、事業者側向けに下のような解説がありますので、参考にしてください。

契約当初は意思能力があり、通常通りの契約を締結した利用者が、サービス提供開始からしばらくして認知症であることが判明した場合には、当然、契約をやり直すことになります。

利用者が認知症であるとわかれば、判断能力を補佐する**成年後見人**が必要になります。介護保険サービスに限らず、日常生活上必要となる契約行為はいろいろとありますが、認知症の人は単独では契約行為ができません。

次のページは、比較的よく見かける**契約書の署名欄**です。契約の当事者である入居者（利用者）が契約できない状態を想定していることがわかります。

この契約書は、特別養護老人ホームで実際に使用されているものです。

一般的に契約書の多くは、「甲」「乙」という表記ですが、この契約書は要介護高齢者やその家族にわ

契約の代行、代理等に関する注意書きの例

この重要事項説明書の内容説明に基づき、この後、契約を締結する場合には入所者及び事業者の双方が、事前に契約内容の確認を行った旨を文書で確認するため、入所者及び事業者の双方が署名又は記名（必要に応じて押印）を行います。

サービス提供を行うに際しては、介護保険の給付を受ける入所者本人の意思に基づくものでなければならないことはいうまでもありません。したがって、重要事項の説明を受けること及びその内容に同意し、かつサービス提供契約を締結することは、入所者本人が行うことが原則です。

しかしながら、本人の意思に基づくものであることが前提であるが、入所者が契約によって生じる権利義務の履行を行い得る能力（行為能力）が十分でない場合は、代理人（法定代理人・任意代理人）を選任し、これを行うことができます。

なお、任意代理人については、本人の意思や立場を理解しうる立場の者（たとえば同居親族や近縁の親族など）であることが望ましいものと考えます。

なお、手指の障害などで、単に文字が書けないなどといった場合は、入所者氏名欄の欄外に、署名を代行した旨、署名した者の続柄、氏名を付記することで差し支えないものと考えます。

（例）

入所者	住 所	大阪府○○市△△町１丁目１番１号
	氏 名	枚 方 太 郎

上記署名は、楠葉 花子（子）が代行しました

出所：大阪府枚方市「介護老人福祉施設　モデル重要事項説明書」

かりやすくするために「利用者」と「施設」としています。

利用者の署名欄の下に（第一身元引受人・代理人）、その下に（第二身元引受人・代理人）とあります。身元引受人と代理人が別々であっても差し支えないと思いますが、契約には代理人、身元引受人の2名が必要だということになります。

記憶力が欠けている入居者に代わって、記名、押印を代行するのは、**代理人**です。しかし、入居者に意思能力が欠けていたり、認知症であったりする場合には、前述の通り成年後見人が必要になります。

身元引受人については、本人が契約できない状態であるか否かに拘わらず、施設が求めている場合には必要になります。契約前に身元引受人の責任や役割について、契約書や重要事項説明書の記載内容を十分に確認しましょう。

ただし、自宅で利用する訪問介護や通所介護等の居宅サービスの契約では、身元引受人を必要とすることはありません。

代理（代行）と後見

契約書の署名欄の例

上記契約を証するため、本書２通を作成し入居者、施設が署名押印の上、１通ずつ保有するものとします。

契約締結日　　　　令和　　年　　月　　日

（利用者）

住所

氏名　　　　　　　　　　　　　　印

（第一身元引受人・代理人）

住所

氏名　　　　　　　　　　　　　　印

（第二身元引受人・代理人）

住所

氏名　　　　　　　　　　　　　　印

（施設）

所在地　　東京都武蔵村山市○丁目○○番地○号

法人名　　社会福祉法人　△△会

施設名　　◇◇◇苑

施設長　　□□　□□　　　　　　印

出所：特別養護老人ホーム　むさし村山苑（武蔵村山市）

07

2018年度からケアマネジャーの説明義務が強化された

ケアプランの内容もしっかり確認する

ケアプランの内容について説明するのは、ケアプランを作成したケアマネジャー（介護支援専門員）です。利用者や家族の意向がしっかり反映されているか、納得するまで聞く必要があります。

ケアマネジャーの役割

ここで、国が定めているケアマネジャーの定義や要件を確認しておきましょう。

ケアマネジャーは、「……要介護者や要支援者が心身の状況に応じた適切なサービスを受けられるよう」ケアプランを作成する者、と定義されています。

ここにある「適切なサービス」が重要です。利用者や家族は、ともするとすべて任せておけばよいだろうと思いがちですが、自分にとって適切なサービスかどうかを確認するため、ケアマネジャーの説明をよく聞き、わからないことや気になる点を遠慮なく質問しましょう。

もう1つ、「市町村・サービス事業者・施設等との連絡調整を行う者」という定義があります。まさにマネジメント能力が要求されています。

利用者の希望や要望を受け止め、その実現を図るケアプランでなければなりません。しかし、必ずしも利用者の希望や要望に沿えない場合もあり、その時はその理由などをわかりやすく説明する公正中立な立場であることも理解しておきましょう。

ケアマネジャーの要件

ケアマネジャーの要件を見ると、介護、福祉、保健等の**実務経験5年以上**で、試験に合格し所定の研修を修了した者、とあります。5年以上の実務経験

で何をしていたかという点が、ケアマネジャーになってからの業務に反映されます。

例えば、看護師だったケアマネジャーと介護福祉士資格の下で介護職員だったケアマネジャーの違いは少なからずあります。どちらが良い悪いではなく、経験してきた仕事の違いです。

介護現場の経験が長いケアマネジャーでも医療的な知識が豊富な人もいます。一方、医療機関などに長く勤務していた元看護師のケアマネジャーが介護サービスの利用方法に疎いこともあります。

こうしたことを踏まえて、ケアプランの内容についての説明を納得できるまで聞きましょう。

強化されたケアマネジャーの説明義務

２０１８年度の介護報酬改定に合わせ、公正中立なケアマネジメントを確保するため、説明義務についても次のページのような改正が行われています。したがって、ケアプラン作成時に、地域に複数の事業所があるのに１つの事業所しか紹介されない場合は、理由を聞いてみるとよいでしょう。

ケアマネジャーの説明をしっかり聞いて質問する

ケアマネジャーの定義・要件など

ケアマネジャーの定義

要介護者や要支援者からの相談に応じるとともに、要介護者や要支援者が心身の状況に応じた適切なサービスを受けられるよう、ケアプラン（介護サービス等の提供についての計画）の作成や市町村・サービス事業者・施設等との連絡調整を行う者であって、要介護者や要支援者が自立した日常生活を営むのに必要な援助に関する専門的知識・技術を有するものとして介護支援専門員証の交付を受けた者。

ケアマネジャーの要件

①保健医療福祉分野での実務経験（医師、看護師、社会福祉士、介護福祉士等）が５年以上である者等が、②介護支援専門員実務研修受講試験に合格し、③介護支援専門員実務研修の課程を修了し、④介護支援専門員証の交付を受けた場合に、ケアマネジャーとなることができる。

ケアマネジャーは、大別すれば、①居宅におけるケアマネジャーと、②施設等におけるケアマネジャーに区分される。

ケアマネジャーの業務

要介護者や要支援者からの相談を受け、ケアプランを作成するとともに、居宅サービス事業者等との連絡調整等や、入所を要する場合の介護保険施設への紹介等を行う。

出所：社会保障審議会介護保険部会（第57回）（H28.4.22）参考資料3

公正中立なケアマネジメントの確保（契約時の説明等）

契約時の説明等

利用者の意思に基づいた契約であることを確保するため、利用者やその家族に対して、利用者はケアプランに位置付ける居宅サービス事業所について、複数の事業所の紹介を求めることが可能であることや当該事業所をケアプランに位置付けた理由を求めることが可能であることを説明することを義務づけ、これらに違反した場合は報酬を減額する。

なお、例えば、集合住宅居住者において、特定の事業者のサービス利用が入居条件とされ、利用者の意思、アセスメント等を勘案せずに、利用者にとって適切なケアプランの作成が行われていない実態があるとの指摘も踏まえ、利用者の意思に反して、集合住宅と同一敷地内等の居宅サービス事業所のみをケアプランに位置付けることは適切ではないことを明確化する。【通知改正】

出所：社会保障審議会介護給付費分科会（第158回）（H30.1.26）参考資料1

居宅サービス計画書（1）の例

第1表

居宅サービス計画書（1）

作成年月日　令和6年　4月　1日

初回・紹介・(継続)　　(認定済)・申請中

利用者名　**居宅　太郎**　殿　　生年月日　**昭和14年　1月　1日**　　住所　**神奈川県横浜市中区港町１－１**

居宅サービス計画作成者氏名　**けあまね　けいこ**

居宅介護支援事業者・事業所名及び所在地　**港ケアプランセンター　神奈川県横浜市中区港町２－２**

居宅サービス計画作成（変更）日　**令和4年　4月　1日**　　初回居宅サービス計画作成日　**令和1年　4月　1日**

認定日　**令和2年　4月　1日**　　認定の有効期間　**令和6年　4月　1日　～令和7年　3月　31日**

要介護状態区分	要介護1・(要介護2)・要介護3・要介護4・要介護5
利用者及び家族の生活に対する意向を踏まえた課題分析の結果	**昨年、左人工関節置換術後にて、関節が外れないよう、過度な内転、外転は禁止である。階段移動や入浴動作に十分な注意が必要。** **本人：左股関節は良くなったが、左膝が痛く、家の中は所々家具に掴まって歩いている。手すりやリハビリはこれまで通り利用していきたい。ヘルパーさんに来てもらって入浴を手伝ってもらい助かっている。これまで通り週１回でお願いしたい。時間があれば、居間と台所の掃除を手伝ってもらえると助かる。**
介護認定審査会の意見及びサービスの種類の指定	**特になし**
総合的な援助の方針	**・下肢筋力の低下を予防し、膝の痛みが軽減できるよう相談しながら支援します。** **・自宅内の環境を整備し、安全に移動できるようにします。** **・日常生活の様子を見ながら、必要と思われる支援方法を検討し、提案します。**
生活援助中心型の算定理由	(1.)一人暮らし　2.家族等が障害、疾病等　3.その他（　　　）

居宅サービス計画書（2）の例

第2表

居宅サービス計画書（2）

作成年月日 **令和6**年 **4**月 **1**日

利用者名 **居宅 太郎** 殿

生活全般の解決すべき課題(ニーズ)	目標				援助内容					
	長期目標	（期間）	短期目標	（期間）	サービス内容	※1	サービス種別	※2	頻度	期間
○自宅内の環境を整備し、安全に移動できるようにする。 ○入浴時に転倒の不安を感じないようにする。	**自宅内を安全に移動できる。**	**R6.04.01 ～ R7.03.31**	**できる家事を続けながら、できない家事を手伝ってもらうことができる**	**R6.04.01 ～ R6.09.30**	**居室の簡単な清掃と整理整頓**	○	**訪問介護 （生活援助）**	**ABC訪問介護**	2回／週	**R6.04.01～ R6.09.30**
	不安なく入浴することができる。	**R6.04.01 ～ R7.03.31**	**安全に入浴し、身体の清潔を保持する。**	**R6.04.01 ～ R6.09.30**	**転倒防止を踏まえた入浴介助**	○	**訪問介護 （生活援助）**	**ABC訪問介護**	2回／週	**R6.04.01～ R6.09.30**
○下肢筋力の低下を予防し、自立し得た日常生活を継続できるようにする	**階段の移動や入浴時の屈伸が不安なくできる。**	**R6.04.01 ～ R7.03.31**	**下肢筋力を強化し、不安なく安全に移動できる。**	**R6.04.01 ～ R6.09.30**	**日常生活に即した下肢筋力の個別機能訓練**	○	**地域密着型 通所介護**	**XYZデイサービス**	2回／週	**R6.04.01～ R6.09.30**

※1「保険給付の対象となるかどうかの区分」について、保険給付対象内サービスについては○印を付す。

※2「当該サービス提供を行う事業所」について記入する。

週間サービス計画表の例

第3表

週間サービス計画表

作成年月日　令和6年　4月　1日

利用者名　居宅　太郎　殿

		月	火	水	木	金	土	日	主な日常生活上の活動
深夜	0:00								
	2:00								
	4:00								
早朝	6:00								起床
	8:00								朝食
午前	10:00	地域密着型通所介護	訪問介護 配食サービス			地域密着型通所介護	訪問介護 配食サービス		※週2回配食サービスを利用し、家事の負担を軽減
	12:00			長女による見守り				長女による見守り	昼食
午後	14:00		読　書		映画鑑賞		読　書		※インターネットで購入した本を読む
	16:00								※週1回BS放送で映画を鑑賞
	18:00								夕食 TVでニュースを見る
夜間	20:00								
	22:00								就寝
深夜	24:00								

週単位以外のサービス	

サービス担当者会議の要点の例

第4表

サービス担当者会議の要点

作成年月日　令和**6**年　**4**月　**1**日

利用者名　**居宅　太郎**　殿　　居宅サービス計画作成者（担当者）氏名　**けあまね　けいこ**

開催日　令和6年　3月　25日　　開催場所　利用者宅　　開催時間　10時から30分　　開催回数　.

会議出席者	所属（職種）	氏名	所属（職種）	氏名	所属（職種）	氏名
敬称略 利用者・家族の出席 本人：**【居宅太郎】** 家族：**【横浜花子】** （続柄：長女） ※備考	**ABC訪問介護** **（サービス提供責任者）**	**山田　花子**				
	XYZデイサービス **（管理者）**	**鈴木　一郎**				
	港ケアプランセンター **（介護支援専門員）**	**けあまね　けいこ**				
検討した項目	**・下肢筋力の低下を予防し、膝の痛みが軽減できるよう支援するためにどうするか。** **・自宅内の環境を整備し、安全に移動できるようにするためにどうするか。**					
検討内容	**・定期的にデイサービスを利用し、転倒防止のための下肢筋力維持をプログラムとした個別機能訓練を受ける。** **・自宅内の清掃と整理整頓を行い、不安なく居室と台所やトイレに移動できるようにする。また、入浴時に浴室までの見守りと入浴中の声かけをする。　・家事の負担を減らすために配食サービスを利用する。利用回数の増減は今後も継続して検討する。**					
結論	**・週2回の地域密着型通所介護を利用し、個別機能訓練を集中して行う。** **・週2回の訪問介護利用で、訪問介護員が簡単な清掃と居室の整理整頓を行い、本人ができる身の回りの片付けをする。**					
残された課題	**・日常生活の様子を見ながら、必要と思われる支援方法を検討すること。**					
（次回の開催時期）	**令和6年9月中旬〔予定〕**					

サービス利用票（兼居宅（介護予防）サービス計画）の例

第6表

認定済（○）　申請中

年　月分サービス利用票（兼居宅（介護予防）サービス計画）

居宅介護支援事業者⇒利用者

保険者番号	1 4 1 1 2 7	保険者名	横浜市	居宅介護支援事業者事業所名担当者名	港ケアプランセンター けあまね けいこ	作成年月日	令和6　年　3月　31日
被保険者番号	8 8 6 4 5 6 3 5 4 4	フリガナ / 被保険者氏名	キョタク　タロウ / 居宅　太郎			届出年月日	年　月　日
生年月日	明・大・昭（○）14年 1月1日	性別	男				
要介護状態区分	1 ②（○） 3 4 5	区分支給限度基準額	19705単位/月	限度額適用期間	令和6年4月 から 令和7年3月 まで	前月までの短期入所利用日数	0日
変更後要介護状態区分変更日	1 2 3 4 5 / 年　月　日						

月間サービス計画及び実績の記録

提供時間帯	サービス内容	サービス事業者事業所名	日付	1	2	3	4	5	6	7	8	9	10	11	12	13	14	15	16	17	18	19	20	21	22	23	24	25	26	27	28	29	30	合計回数
			曜日	月	火	水	木	金	土	日	月	火	水	木	金	土	日	月	火	水	木	金	土	日	月	火	水	木	金	土	日	月	火	
08:00～12:00	地域密着型通所介護	XYZデイサービス	予定	1				1			1				1			1				1			1				1			1		9
			実績																															
10:00～11:00	訪問介護	ABC訪問介護	予定		1				1			1				1			1			1				1				1			1	9
			実績																															
11:00～12:00	配食サービス	DEF配食センター	予定		1				1			1				1			1				1			1				1			1	9
			実績																															
			予定																															
			実績																															
			予定																															
			実績																															
			予定																															
			実績																															
			予定																															
			実績																															

08

何のためのサービスなのか、介護目標に注目する

サービス毎に作成する「介護サービス計画書」もチェック

サービス毎に介護サービス計画書を作成

サービス提供の前に、ケアプランを元にしてそれぞれの介護サービス毎に、「介護サービス計画書」が作られます。

●訪問介護の場合

例えば、訪問介護を利用する場合には、訪問介護事業所の管理者やサービス提供責任者が利用者の自宅に訪問し、事前調査を行います。利用者や家族の希望や要望を聞き、部屋の状況などを確認します。ただし、担当ケアマネジャーが作成したケアプランに書かれている内容に沿ったサービスとなります。

事前調査を元に**訪問介護計画書**を作成し、利用者や家族にその内容を説明します。この説明に納得し計画書の内容に同意したなら、署名捺印して計画書の控えを受け取ります。

訪問介護計画書（189ページ）には、訪問介護員が訪問する曜日、時間、サービスの内容、1カ月にかかる費用などが記載されています。訪問介護事業所によっては、毎回違う訪問介護員が来る場合があります。あるいは、複数の訪問介護員が担当となることもありますので、事前に担当する訪問介護員の名前、曜日や時間を確認しておきましょう。

●デイサービスの場合

デイサービスを利用する場合も同じです。生活相談員や管理者が事前調査を行います。利用者宅を訪問し、デイサービスの送迎車の停車場所などを確認します。

また、自宅での生活状況や嗜好品、食べ物の好み、デイサービスで過ごす時にやりたいことなどを利用

者や家族から聴取します。

事前に担当ケアマネジャーからも利用者の情報が伝わっています。その上で**通所介護計画書**が作成されます。デイサービスで提供されるサービスは、通所介護計画書に書いてあります。

管理者や生活相談員が、朝の迎えの時間、入浴する場合の時間、昼食の時間、レクリエーションや機能訓練の時間などを説明します。

●特養ホームなど施設介護の場合

特別養護老人ホームや老健施設に入所する施設介護では、ケアプランそのものが**施設サービス計画書**となります。

介護目標を見る

訪問介護や通所介護のサービス計画書でもっとも重要な項目は、「**介護目標**」です。

管理者が、「ここに書いてある介護目標が○○さんの目標です。」と言って説明します。「なぜ、目標が必要なのか」ということを、わかりやすく説明できる介護事業所管理者なら、信頼できます。形式的に介護目標を書いているだけの介護事業所もありますが、利用者の要介護状態の悪化を防ぐために介護目標が必要なのです。

利用者が自分でできることは自分でやり続けられるよう、支援する計画書であるかどうかが、重要なことです。

訪問介護（入浴介助）

□ 初回計画 ■ 改訂更新（No 004-01 ）		
作成者	審査者	承認者

目標を達成するための具体的内容	サービス内容（番号）	留意点および手順など
	8.33	一緒にゴミの仕分けを行い、ゴミ捨てを行います。
	2.33	洗濯の声かけを行い一緒に洗濯し干します。
	34	一緒にデイサービスの準備を行い送り出しをします。
	14	水分補給の促しを行い、水分を摂っていただきます。
	34	室内環境を確認し、温度管理調整声かけを行います。

d. サービス利用料金

※　月によってサービスの回数が異なるため、自己負担額が異なる事があります。
概算として、ご参考下さい。

①１ヶ月の合計単位数	7,540 単位
１ヶ月の費用総額（①×１単位あたりの単価） ※１単位あたりの単価＝　10.00 円	＝　75,400 円 ※小数点以下，切り捨て）
② うち保険内自己負担額（自己負担率　10 ％）	＝　7,540 円
③ うち保険外自己負担額	＝　0 円
④ １ヶ月の交通費（１回のサービスの往復交通費　0 円×１ヶ月　20 回）	＝　0 円
１ヶ月の自己負担額合計（②＋③＋④）　（※概算）	＝　7,540 円
（備考）	

※　上記サービス料金は、介護保険法第41条第4項に基づき定められた「指定居宅サービスに要する費用の額の算定に関する基準（平成12年2月10日　厚生省告示第19号）」に基づく金額です。

※　上記自己負担額以外に、介護職員処遇改善加算等の加算がかかります。
（詳細については重要事項説明書の料金表を参照ください。）

※　介護保険のサービスを利用する場合は、原則として介護保険負担割合証に記載された負担割合を費用総額にかけた額が、自己負担額となります。（居宅介護サービス費等の特例などを除きます。）

※　支給限度基準を超える単位数については、全額自己負担となります。

※　交通費は、事業所の通常のサービス地域をこえる場合にのみ必要となります。（通常のサービス地域については、事業所へお問合わせください。）

※　本計画書の写しを訪問介護員へ業務指示書として渡します。

本計画の説明を受け同意し、交付を受けました。　　　　年　　月　　日

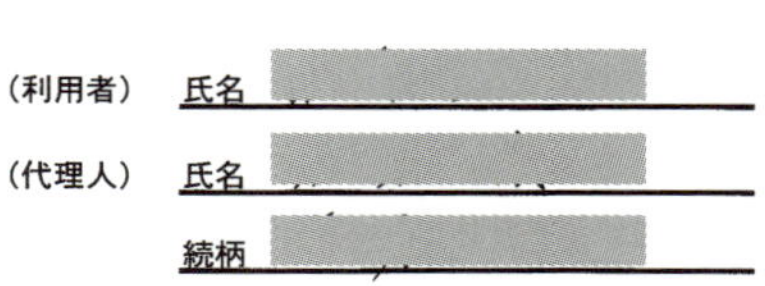

（利用者）　氏名

（代理人）　氏名

続柄

やさしい手秋田

訪問介護計画書【第7版：平成29年2月15日】

出所：有限会社やさしい手秋田

介護サービス計画書（訪問介護計画書）の例

訪問介護計画書（1）－2

個人情報につき取扱い注意

初回（改訂）サービス開始日 令和 06 年 08 月 01 日

フリガナ / ご利用者名	様	生年月日 年 月 日生（ 歳）	性別
住所	〒 秋田県秋田市	電話番号	

a. 利用者および家族の生活に関する意向　（ケアプラン内容）

（本人）自分は、大丈夫だと思うんだけど、息子が心配してくれています。自分の家でお風呂を沸かすより迎えに来てくれるならデイサービスで入れるのはいいと思います。他の人ともお話できそうだし行ってみたいです。
（長男）母さんとは離れて暮らしているので、家事や身の回りのことで出来ている部分もありますが、出来なくなってきていることもありヘルパーさんに一緒に手伝ってもらえると安心です。温度管理が出来ないことが気がかりで、ヘルパーさんに協力してもらえると助かります。デイサービスも楽しく利用出来ていて、安心しています。

b. 総合的な援助の方針　（ケアプラン内容）

独居。出来ている家事を継続されていますが、支援が必要な部分の家事をヘルパーと一緒に行い、困りごと等ないかを確認しながら、お一人暮らしが継続できるように支援します。また、デイサービス利用で安全な入浴や他者との交流ができるよう支援します。
主治医・　病院　先生　緊急連絡先：

c. 介護目標　短期目標期間：　令和 06 年 08 月 01 日 ～ 令和 06 年 12 月 31 日

長期	ご本人、ご家族ともに安心して在宅生活を継続することができる。
短期	ヘルパーと相談しながら家事を行うことができる。

領域	運動・移動について	日常生活（家庭生活）について	社会参加・対人関係 コミュニケーション について	健康管理について
目標	一緒に動くことで筋力低下を予防することができる。	出来る家事を継続することができる。	困りごとをヘルパーに依頼することができる。	受診を継続し健康を保つことができる。

サービス内容

生活援助		身体介護				
□ 01. 掃除	□ 06. 買い物	□ 09. 排泄介助（ﾄｲﾚ）	□ 15. 服薬介助	□ 21. 全身浴・ｼｬﾜｰ浴	□ 27. 移乗・移動介助	■ 33. 自立生活支援のための見守り的援助
■ 02. 洗濯	□ 07. 薬の受け取り	□ 10. 排泄介助（ﾎﾟｰﾀﾌﾞﾙﾄｲﾚ）	□ 16. 口腔ケア	□ 22. 洗面介助	□ 28. 外出介助（通院）	■ 34. その他の介護
□ 03. ﾍﾞｯﾄﾞﾒｲｸ	■ 08. その他の家事	□ 11. 排泄介助（尿器/便器）	□ 17. 調理（専門的配慮）	□ 23. 身体整容	□ 29. 外出介助（買い物）	
□ 04. 調理		□ 12. 排泄介助（おむつ）	□ 18. 清拭	□ 24. 更衣介助	□ 30. 外出介助（その他）	
□ 05. 配膳・下膳		□ 13. 食事介助	□ 19. 手浴・足浴	□ 25. ﾍﾞｯﾄﾞﾒｲｸ（介助含	□ 31. 起床介助	
		■ 14. 水分補給	□ 20. 洗髪	□ 26. 体位変換	□ 32. 就寝介助	

観察項目

□ 01. バイタルの確認	□ 05. 転倒等の状況確認	□ 08. 服薬等の状況確認	■ 12. 認知症状（周辺症状）の状況確認
□ 02. 排便・排尿に関する状況確認	■ 06. 栄養摂取の状況確認	□ 09. 通院など受診状況の確認	■ 13. 室内環境についての状況確認
■ 03. 水分摂取の状況確認	□ 07. 薬の中止追加等変更の有無の状況確認	□ 10. 睡眠についての状況確認	□ 14. 福祉用具・機器類の作動確認
□ 04. 皮膚観察に関する状況確認		■ 11. 認知症状（中核症状）の状況確認	

週間サービス計画

曜日	月	火	水	木	金	土	日
提供時間帯	13:30 ～ 14:00	8:30 ～ 9:30	13:30 ～ 14:00	8:30 ～ 9:30	10:00 ～ 11:00	～	～
サービスの種類	身体1・	身体2・	身体1・	身体2・	身1生1・		
単位 / 回数	293 / 毎週	464 / 毎週	293 / 毎週	464 / 毎週	371 / 毎週		
サービス内容（番号）	14, 34	34	14, 34	08, 33, 34	02, 33		
観察項目（番号）	03, 06, 11, 12, 13	03, 06, 11, 12, 13	03, 06, 11, 12	03, 06, 11, 12, 13	03, 06, 11, 12, 13		
訪問介護員							
提供時間帯	～	～	～	～	～	～	～
サービスの種類							
単位 / 回数							
サービス内容（番号）							
観察項目（番号）							
訪問介護員							

※　記載の訪問介護員は実際に訪問する訪問介護員と異なる事があります。　合計単位数　7,540 単位

09

有料老人ホームでもトラブルになりやすい

介護施設の退所・退去条件には特に注意する

退所・退居の条件には特に注意する

次の入所（居）契約書の記載例をご覧ください。最初に第13条（契約の終了事由）見ていきましょう。注意を要するのは、二です。特養ホームは、原則として要介護3以上の利用者が入所できます。

入所後の要介護認定の更新により、要介護度が改善し、要支援ないしは自立と判定されたりした場合には、退所しなければなりません。しかし、要介護3から1や2になった場合などはどうなるのか、施設の具体的な対応を確認しておきましょう。

次に、あまり想定したくありませんが、三、四、五の場合には、当然退所しなければなりません。これにより、別の施設への入所が必要になりますが、新たな施設への入所のあっせんや紹介などはどうなるのか、念のため、説明を求めましょう。

第16条（施設からの契約解除）には、5項目あります。その最初にある「……その心身の状況及び病歴等の重要事項について、故意にこれを告げず……」という項目は、契約書に必ず記載されています。それだけ重要であると認識しておく必要があります。また、3つ目にある「……故意又は重大な過失により事業者又はサービス従事者もしくは他の入居者等の生命・身体・財物信用等を傷つけ、……」という項目は、最近増えていると言われる入所者による介護職員等に対する暴言やセクハラ、パワハラなどの行為、暴力行為などを想定したものと考えられます。

また、四について、病院、診療所への入院が3ヵ月以上になる場合には、契約解除となります。

契約書の退所・退居事由に関する条項例

第13条（契約の終了事由）

契約書は、以下の各号に基づく終了がない限り、本契約に定めるところに従い事業者が提供するサービスを利用することができるものとします。

一　契約者が死亡した場合
二　要介護認定により契約者の心身の状況が自立又は要支援と判定された場合
　　平成27年４月１日以降に入所された方については、上記に加え要介護１・２と判定された場合（但し、特例入所の要件に該当する場合を除く）
三　事業者が解散命令を受けた場合、破産した場合又はやむを得ない事由により施設を閉鎖した場合
四　施設の滅失や重大な瑕疵により、サービスの提供が不可能になった場合
五　施設が介護保険の指定を取り消された場合又は指定を辞退した場合

出所：特別養護老人ホーム　サニーヒル横浜（横浜市旭区）

第16条（施設からの契約解除）

施設は、入居者及び入居者保証人が以下の事項に該当する場合には、本契約を解除することができます。

一　入居者、入居者保証人及び家族が、契約締結時にその心身の状況及び病歴等の重要事項について、故意にこれを告げず、又は不実の告知を行い、その結果本契約を継続しがたい重大なる事情を生じさせた場合
二　入居者及び入居者保証人による第５条第１項から第４項に定めるサービス利用料金の支払いが３か月以上遅滞し、相当期間を定めた催告にも拘わらずこれが支払われない場合
三　入居者、入居者保証人及び家族が故意又は重大な過失により事業者又はサービス従業者もしくは他の入居者等の生命・身体・財物信用等を傷つけ、又は著しい不信行為を行うことなどによって、本契約を継続しがたい重大な事情を生じさせた場合
四　入居者が継続して３か月を超えて病院又は診療所に入院すると見込まれる場合もしくは入院した場合
五　入居者が介護老人保健施設に入所した場合もしくは介護医療院に入院した場合

出所：特別養護老人ホーム　はるかぜ（富山県高岡市）

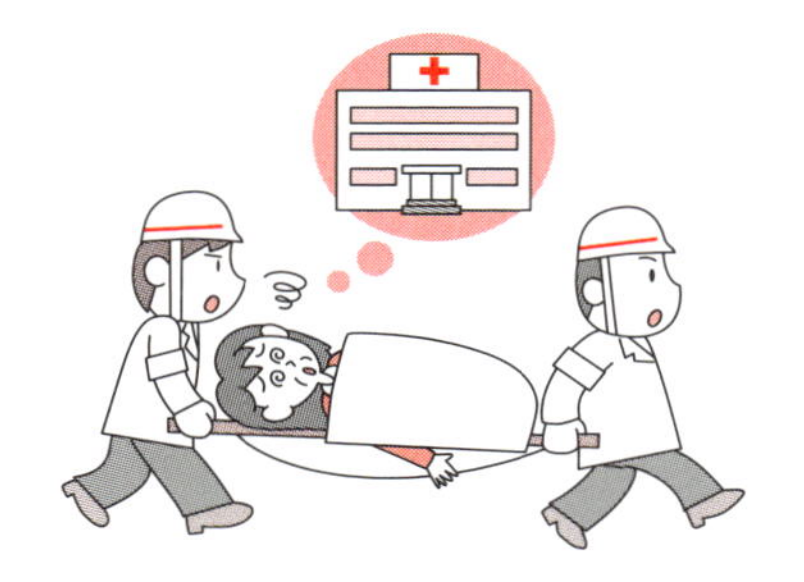

10

利用者負担のほか食費や実費負担のサービスもある

支払い時には請求明細書と実際の金額を確認する

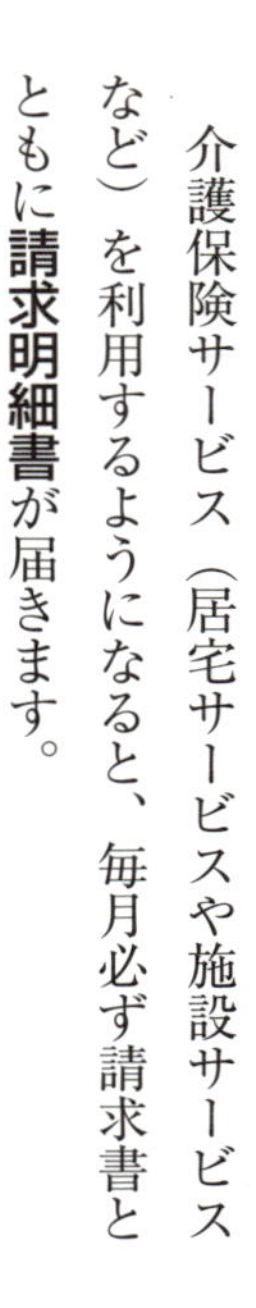

介護保険サービス（居宅サービスや施設サービスなど）を利用するようになると、毎月必ず請求書とともに**請求明細書**が届きます。

通所介護の請求明細書の例

１９４ページの図をご覧ください。地域密着型通所介護の請求明細書の例です。デイサービスを利用した場合に、毎月決まった日に請求書が送られてきます。支払方法はあらかじめ契約時に決めておきます。現金で支払うこともできますが、ほとんどの介護事業所、特養ホームや有料老人ホームでは、銀行の自動振替になっています。

請求明細書には、サービスを利用した回数や日数、その費用額などが記載されています。念のため、実際にその日ごとにサービスを利用したことを確認しましょう。事業者から受け取る**サービス提供記録書の控え**などを元に請求明細書との照合ができます。

介護保険以外の費用として、デイサービスで行われるレクリエーションや創作活動などでかかった**材料費**や**昼食代**、**おやつ代**などが請求明細書に記載されています。こちらも明細内容を確認しましょう。

請求明細書に記載されているサービス内容や請求金額などに不明な点があれば、事業所の管理者などに気軽に聞いてみましょう。

訪問介護の請求明細書の例

１９５ページは訪問介護の請求明細書の例です。身体介護、生活援助などのサービスの単位数やサービスを利用した回数などが詳細に記載されています。

もし、「中止」という項目があった場合、利用者の都合で、当日キャンセルなどがあると、**キャンセル料**を請求されることを意味します。

また、「**訪問介護処遇改善加算**」という項目があった際は、この加算がどういう目的のものか、管理者やサービス提供責任者の説明を聞いてみてください。

他にも「加算」という名目のものがあれば、詳しい説明を聞きましょう。

特別養護老人ホームの請求明細書の例

有料老人ホームや特養ホームでも、同様に毎月請求書と請求明細書が発行されます。

介護保険サービス費の利用者負担額（１割〜３割）以外に居住費（部屋代）や食費などが項目ごとに記載されています。毎月ほぼ同じような請求額になりますが、急病で入院したり、通院が多かったりした月は請求額の増減が生じます。

地域密着型通所介護の請求明細書の例

〒233-
横浜市

〒232-0016
横浜市南区宮元町1丁目9番地1 クリオ吉野町弐番館
有限会社 リズム
齋藤 道子
TEL 045-712-7305

様
≪サービス費ご請求のお知らせ≫

お問合せ先:
ディサービスセンター りずむ
TEL 045-712-7305

令和7年2月10日発行

【 次回口座振替のお知らせ 】

被保険者番号	保険者番号	サービス提供年月	次回振替金額
	141119	令和7年1月	7,182円
被保険者名	様	金融機関名	*******
請求書番号	-01	記号-番号	*****-********

ご利用明細

サービス内容		金額	消費税	お知らせ等
地域密着型通所介護(介護保険)	4回	単位数単価:10.72		費用総額:46,612 円
介護給付額(保険)		(代理受領)		(39,430 円)
自己負担額(保険)		4,382 円	非課税	
個別料金(非課税)		2,800 円	非課税	
地域通所介護52(7.0~8.0)(890単位)	4回	8日(水),15日(水),22日(水),29日(水)		
地域通所介護個別機能訓練加算Ⅰ1(56単位)	4回	8日(水),15日(水),22日(水),29日(水)		
地域通所介護処遇改善加算Ⅲ(303単位)				
食事代(非課税)(700 円)	4回	8日(水),15日(水),22日(水),29日(水)		
合計金額		7,182 円	0 円	計 7,182 円

領収証 様

令和7年2月10日発行

様 サービス提供分

領収証番号:
お支払い方法: 郵便局口座振替
サービス利用料として右記金額を領収致しました。

支援事業者	番号:
居宅介護支援	

〒232-0016
横浜市南区宮元町1丁目9番地1 クリオ吉野町弐番館
有限会社 リズム
齋藤 道子
TEL 045-712-7305

令和6年12月サービス提供分

領収金額	7,182円
(内訳)	
介護保険自己負担額	
地域密着型通所介護	4,382 円
その他料金(自費・償還払い等)	2,800 円
うち消費税相当額	0 円
うち医療費控除の対象となる金額	4,382 円

出所:デイサービスセンターりずむ

訪問介護の請求明細書の例

請 求 書

発行日　：2025年1月14日
発行No.　：
ページ　：1/2

０１０－
秋田県秋田市

様

０１０－０９３４
秋田県秋田市
川元むつみ町７－１３

有限会社やさしい手秋田
やさしい手秋田
ＴＥＬ：０１８－８６４－１１１４
ＦＡＸ：０１８－８６４－１１１９

（ご利用者ＩＤ：　　　）

いつもサービスをご利用頂きましてありがとうございます。
下記の金額をご指定の口座より振替させていただきます。

２０２４年１２月訪問介護サービス　ご請求額		
ご利用者名	様	
振替日	２０２５年１月２７日	
振替金額	９，８０７円	
金融機関名		
支店名		
口座番号	普通	＊＊＊＊＊＊＊＊
口座名義人		

今月分請求額	
2024年12月分	９，８０７円
過去月分請求額	
合計	９，８０７円

何らかの理由で引き落としができなかった場合、翌月再度指定口座より振り替えさせていただくことがございますのであらかじめご了承ください

請求額の内訳（繰越分を除く）

利用年月	利用総額	介護保険 給付額	介護保険 負担額	公費 給付額	公費 負担額	受託・支援費 給付額	受託・支援費 負担額	保険外負担額	実費金額	減免額	請求額（うち消費税）
2024年12月	98,070	88,263	9,807	0	0	0	0	0	0	0	9,807　(0)

【 ご利用明細 】

利用年月	利用日	利用時間	利用内容	月数	数量	単位	金額	消費税	
2024年12月	2日	13:30～14:00	身体１・Ｉ			293			
	3日	08:30～09:30	身体２・Ｉ			464			
	4日	13:30～14:00	身体１・Ｉ			293			
	5日	08:30～09:00	身体１・Ｉ			293			
	6日	10:00～10:30	身体１・Ｉ			293			
	9日	13:30～14:00	身体１・Ｉ			293			
	10日	08:30～09:20	身体２・Ｉ			464			
	11日	13:30～14:00	身体１・Ｉ			293			
	12日	08:30～09:15	身体２・Ｉ			464			
	13日	10:00～10:40	身１生１・Ｉ			371			
	16日	13:30～14:00	身体１・Ｉ			293			
	17日	08:30～09:10	身体２・Ｉ			464			
	18日	13:30～14:00	身体１・Ｉ			293			
	19日	08:30～09:10	身体２・Ｉ			464			
			＜次ページへ続く＞						

出所：有限会社やさしい手秋田

特別養護老人ホームの請求明細書の例１

利用料請求書

〒208-0002
東京都武蔵村山市

様

社会福祉法人
特別養護老人ホーム

〒208-0011
東京都武蔵村山市

TEL：
FAX：

利用者氏名				発行日	請求書番号
様				令和 7年 1月16日	270-1

下記の通り請求いたします。

		過入金充当額	医療費控除対象額		
		¥0	¥33,002		

今回ご請求額 **¥74,084**

令和 6年12月分　期間： 12月1日～12月31日

利用内訳	控除	単価	数量	金　額
利用者負担額	*			36,864
食費負担額	*			12,090
ﾕ型多床室負担額	*			17,050
おやつ代		80	31	2,480
持込家電電気料		50	31	1,550
薬立替（立川調剤			1	1,850
診療立替			1	370
歯科（医師会）			1	1,830
合計				**74,084**

介護サービス費内訳	控除	単位数	回数	単位/点/円
経ﾕ福5	*	955	31	29,605単位
個別機能加算Ⅰ	*	12	31	372単位
個別機能加算Ⅱ	*	20	1	20単位
処遇改善加算Ⅰ	*	4,408	1	4,408単位
日常生活加算2	*	46	31	1,426単位
褥瘡ﾏﾈ加算Ⅱ	*	13	1	13単位
科学介護加算Ⅱ	*	50	1	50単位
福施食費	*	1,445	31	44,795円
福施ﾕ個的室	*	1,728	31	53,568円
合計			**98,363円**	**35,894単位**

お支払方法について
上記金額を28日に指定口座より引き落し致しますので、恐れ入りますが事前に残高確認をお願い致します。
尚、28日が定休日の場合には翌営業日に引き落しとなります。

ご利用日

日	月	火	水	木	金	土
①	②	③	④	⑤	⑥	⑦
⑧	⑨	⑩	⑪	⑫	⑬	⑭
⑮	⑯	⑰	⑱	⑲	⑳	㉑
㉒	㉓	㉔	㉕	㉖	㉗	㉘
㉙	㉚	㉛				

○：在所日　□：利用開始・終了日　▽：入院・外泊開始日
△：退院・外泊戻り日　×：入院・外泊中　◇：保険外　／：ｷｬﾝｾﾙ日

［1枚中1枚目］

出所：特別養護老人ホーム　むさし村山苑（武蔵村山市）

特別養護老人ホームの請求明細書の例２

利用料請求書

〒207-00
東京都東大和市

様

社会福祉法人
特別養護老人ホーム

〒208-0011
東京都武蔵村山市

TEL：
FAX：

利用者氏名				発行日	請求書番号
様				令和 7年 1月16日	227-1

下記の通り請求いたします。

		過入金充当額	医療費控除対象額		
		¥0	¥77,103		

今回ご請求額
¥169,976

令和 6年12月分　期間：　12月1日～12月31日

利用内訳	控除	単価	数量	金　額
利用者負担額	*			34,360
食費負担額	*			55,800
ﾕﾆｯﾄ型負担額	*			64,046
おやつ代		80	30	2,400
持込家電電気料		50	31	1,550
薬立替（立川調剤			1	2,560
診療立替			1	420
歯科（医師会）			1	1,820
理美容費		2,420	1	2,420
外部受診代			1	4,090
薬立替（おもてな			1	270
移動販売立替(た			1	240
合計				169,976

介護サービス費内訳	控除	単位数	回数	単位/点/円
ﾕ福4	*	886	31	27,466単位
個別機能加算Ⅰ	*	12	31	372単位
個別機能加算Ⅱ	*	20	1	20単位
処遇改善加算Ⅰ	*	4,109	1	4,109単位
日常生活加算2	*	46	31	1,426単位
褥瘡ﾏﾈ加算Ⅱ	*	13	1	13単位
科学介護加算Ⅱ	*	50	1	50単位
合計				33,456単位

お支払方法について
上記金額を28日に指定口座より引き落し致しますので、恐れ入りますが
事前に残高確認をお願い致します。
尚、28日が定休日の場合には翌営業日に引き落しとなります。

ご利用日

日	月	火	水	木	金	土
①	②	③	④	⑤	⑥	⑦
⑧	⑨	⑩	⑪	⑫	⑬	⑭
⑮	⑯	⑰	⑱	⑲	⑳	㉑
㉒	㉓	㉔	㉕	㉖	㉗	㉘
㉙	㉚	㉛				

○：在所日　□：利用開始・終了日　▽：入院・外泊開始日
△：退院・外泊戻り日　×：入院・外泊中　◇：保険外　／：ｷｬﾝｾﾙ日

［1枚中1枚目］

出所：特別養護老人ホーム　むさし村山苑（武蔵村山市）

コラム

コロナ禍の介護施設や介護事業所の対応

2020年の年明けから、新型コロナウイルスが世界中に広まり、５年以上経っても完全に終息したわけではありません。そうした状況の中で、病院や介護施設などでもクラスターが発生したり、基礎疾患がある高齢者が重症化したり、亡くなったりしています。医療機関はもとより、介護施設や介護事業所も感染症対策に万全を期してサービス提供を継続しています。

実際にどのような感染症対策で日々運営しているのか、某特別養護老人ホームの施設長に話を聞きました。

2021年秋ごろから感染者数が激減し、収束へ向かっていると思われる状況になって、面会ルームにアクリル板を設置し、必要な距離をとって、家族等が入所者と会うことができるようになりました。それまで家族等の面会や施設への訪問を中止したり、面会時間を制限したりして対応していました。

しかし、2022年年明けから再び感染者数が急激に増え始め、現在は、陰圧ブースを設置し、ブース内の面会ができるようになっています。ただし、時間は20分に制限し、午前10時から12時の２時間で４組、午後３時から５時までの２時間で４組、一日計４時間で８組の面会を予約制で行っています。

また、入所が決まった入所予定者の事前面談は、オンラインにより入所後の生活に関する話し合いなどを行っています。（施設長・談）

一方、訪問介護や通所介護などの居宅介護サービスはどのように提供されているのでしょうか。

デイサービスでは、介護職員や看護職員がワクチン接種を行ったうえで、サービスを提供していますが、利用者や家族が感染を恐れて、サービスを控えた時期もありました。しかし、要介護高齢者が介護サービスを控えてデイサービスに行かなくなったりすれば、身体を動かさなくなり、生活機能が損なわれるおそれがあります。また、訪問介護のヘルパーさんの訪問を断ったりして、入浴の回数が減って身体が不衛生な状態になることもあります。介護サービスの利用を控えれば、家族の負担も増えます。

コロナ禍の介護サービスの利用については、事業所と利用者との間で、これまでとは違った利用方法や利用時の注意事項などを取り決めています。

（施設長・談）

特定疾病の選定基準の考え方

1　特定疾病とは

特定疾病とは、心身の病的加齢現象との医学的関係があると考えられる疾病であって次のいずれの要件をも満たすものについて総合的に勘案し、加齢に伴って生ずる心身の変化に起因し要介護状態の原因である心身の障害を生じさせると認められる疾病である。

①65歳以上の高齢者に多く発生しているが、40歳以上65歳未満の年齢層においても発生が認められる等、罹患率や有病率（類似の指標を含む。）等について加齢との関係が認められる疾病であって、その医学的概念を明確に定義できるもの。
②３～６ヶ月以上継続して要介護状態又は要支援状態となる割合が高いと考えられる疾病。

2　特定疾病の範囲

特定疾病については、その範囲を明確にするとともに、介護保険制度における要介護認定の際の運用を容易にする観点から、個別疾病名を列記している。（介護保険法施行令第２条）

1　がん（医師が一般に認められている医学的知見に基づき回復の見込みがない状態に至ったと判断したものに限る。）※
2　関節リウマチ※
3　筋萎縮性側索硬化症
4　後縦靱帯骨化症
5　骨折を伴う骨粗鬆症
6　初老期における認知症
7　進行性核上性麻痺、大脳皮質基底核変性症及びパーキンソン病※【パーキンソン病関連疾患】
8　脊髄小脳変性症
9　脊柱管狭窄症
10　早老症
11　多系統萎縮症※
12　糖尿病性神経障害、糖尿病性腎症及び糖尿病性網膜症
13　脳血管疾患
14　閉塞性動脈硬化症
15　慢性閉塞性肺疾患
16　両側の膝関節又は股関節に著しい変形を伴う変形性関節症

（※印は平成18年４月に追加、見直しがなされたもの）

出所：厚生労働省HP

■著者紹介

福岡　浩（ふくおか　ひろし）

介護業務運営・業務改善コンサルタント。元介護サービス情報の公表制度主任調査員。某保険者の運営指導実務担当（2021年度）。

㈱やさしい手FC事業部（現：コンサルティング事業部）で６年間、FC運営指導業務を担当の後、独立し、2005年４月、有限会社業務改善創研を設立。介護事業者に対する介護事業運営とその業務改善に関わる指導、支援業務（コンサルティング）等を開始。

2006年４月より神奈川県介護サービス情報の公表制度主任調査員を務め、通算330か所以上の介護サービス事業所、介護施設等の調査を担当。また、民間企業や地方自治体の主催する介護事業経営者、介護事業所管理者向けの数多くのセミナー、研修会等の講師を務めるほか、『ケアマネジャー』（中央法規出版）、『達人ケアマネ』（日総研出版）などにも寄稿している。

主な著書に、『ここがポイント！ここが変わった！ 運営指導への実務対応』（自由国民社）、『訪問介護・通所介護・居宅介護支援　選ばれる事業所運営の鉄則』（日総研出版）がある。

〔連絡先〕
e-mail：gks_hfukuoka@yahoo.co.jp
携帯電話：090-3514-7242

〔主な資格・研修実績等〕
介護支援専門員実務研修修了（東京都）
「介護サービス情報の公表制度」に係る調査員養成研修修了（神奈川県）
かながわ福祉サービス第三者評価推進機構評価調査者養成研修修了（神奈川県）
横浜市第三者評価調査員養成研修修了（横浜市）

プロの調査員が教える！

介護事業所・施設の選び方が本当にわかる本

2025年４月４日　第３版第１刷発行

著　者／福岡　浩
発行者／竹内尚志
印刷所／横山印刷株式会社
製本所／新風製本株式会社
発行所／株式会社自由国民社
〒171-0033 東京都豊島区高田3-10-11
営業部　TEL 03-6233-0781 ／ FAX 03-6233-0780
編集部　TEL 03-6233-0786 ／ FAX 03-6233-0790
URL https://www.jiyu.co.jp/

カバー、本文イラスト・写真等
15, 79, 193.p：jymsy/PIXTA
149p：shizuka/PIXTA
96p：アクア/PIXTA
カバー, 57p：©ken-stock.adobe.com
148p：PHOTO NAOKI/PIXTA
169p：©keko-ka-stock.adobe.com
166p：CORA/PIXTA
128p：©ケイーゴ・k-stock.adobe.com

■装幀・吉村朋子／本文DTP・㈲中央制作社